Impressum
Verlag: BABADADA GmbH, Nedderfeld 112 , 22529 Hamburg
Geschäftsführer / Verlagsleitung: Harald Hof
Druck: Books on Demand GmbH, In de Tarpen 42, 22848 Norderstedt

Imprint
Publisher: BABADADA GmbH, Nedderfeld 112 , 22529 Hamburg, Germany
Managing Director / Publishing direction: Harald Hof
Print: Books on Demand GmbH, In de Tarpen 42, 22848 Norderstedt, Germany

# 学校

# la escuela

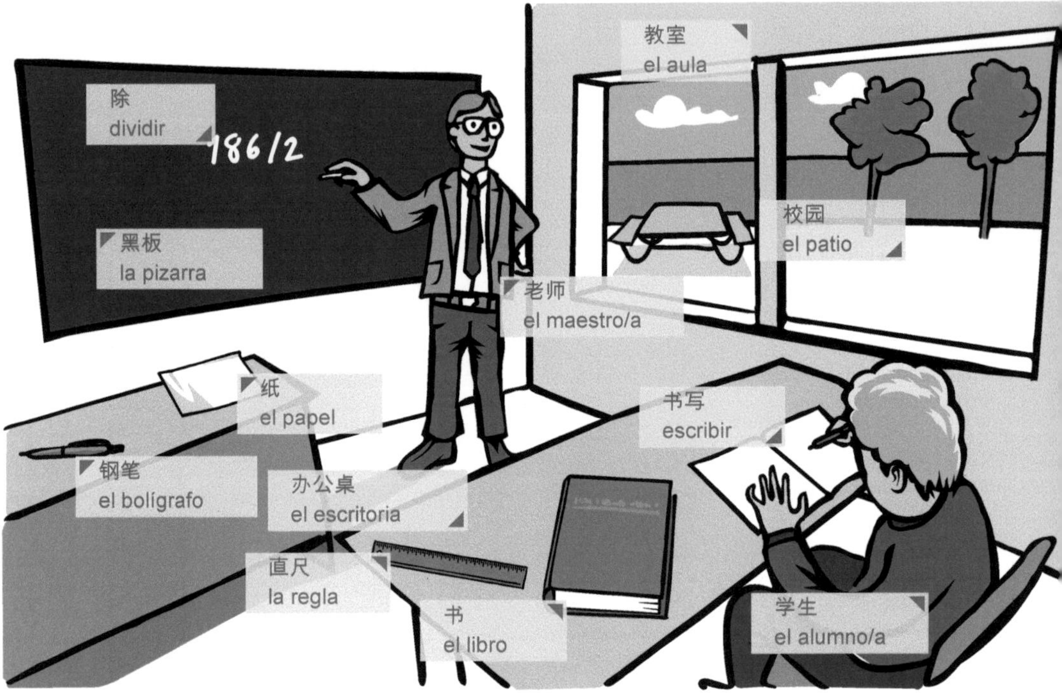

教室
el aula
除
dividir
186/2
黑板
la pizarra
校园
el patio
老师
el maestro/a
纸
el papel
书写
escribir
钢笔
el bolígrafo
办公桌
el escritoria
直尺
la regla
书
el libro
学生
el alumno/a


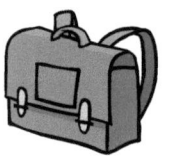

书包

la cartera

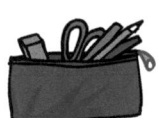

铅笔盒

la caja de lápices

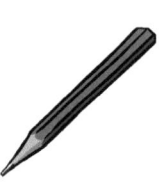

铅笔

el lápiz

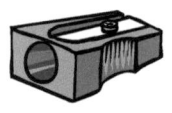

卷笔刀

el sacapuntas

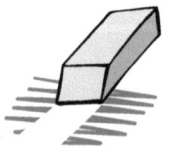

橡皮擦

la goma de borrar

画板

el cuaderno de dibujo

图画
el dibujo

画笔
el pincel

颜料盒
la caja de pinturas

剪刀
las tijeras

胶水
el pegamento

练习册
el cuaderno de ejercicios

家庭作业
los deberes

**12**

数字
el número

**2+2**

加
sumar

**5-2**

减
restar

**2×2**

乘
multiplicar

计算
calcular

字母
la letra

**ABCDEFG HIJKLMN OPQRSTU VWXYZ**

字母表
el alfabeto

字
la palabra

课文

el texto

读

leer

粉笔

la tiza

上课

la lección

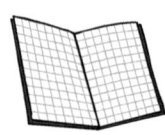

登记

el cuaderno de notas

考试

el examen

证书

el certificado

校服

el uniforme

教育

la educación

百科全书

la enciclopedia

大学

la universidad

显微镜

el microscopio

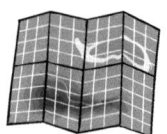

地图

el mapa

废纸筐

la papelera

学校 - la escuela

酒店
el hotel

*Grand*

青年旅社
el albergue

ROOMS

EXCHANGE

币兑换处
oficina de cambio de divisas

手提箱
la maleta

汽车
el coche

语言
el idioma

是/否
sí / no

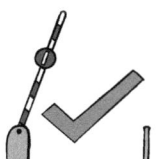

好的
Vale

您好
hola

翻译员
el traductor

谢谢
Gracias

......多少钱？

¿cuánto es...?

我不明白

No entiendo

问题

el problema

晚上好！

¡Buenas tardes!

早上好！

¡Buenos días!

晚安！

¡Buenas noches!

再见

adiós

方向

la dirección

行李

el equipaje

包

la bolsa

双肩包

la mochila

客人

el invitado

房间

la habitación

睡袋

el saco de dormir

帐篷

la tienda de campaña

旅游信息

la información turística

海滩

la playa

信用卡

la tarjeta de crédito

早餐

el desayuno

午餐

el almuerzo

晚餐

la cena

票

el billete

电梯

el ascensor

邮票

el sello

边界

la frontera

海关

la aduana

大使馆

la embajada

签证

la visa

护照

el pasaporte

# 交通运输

# el transporte

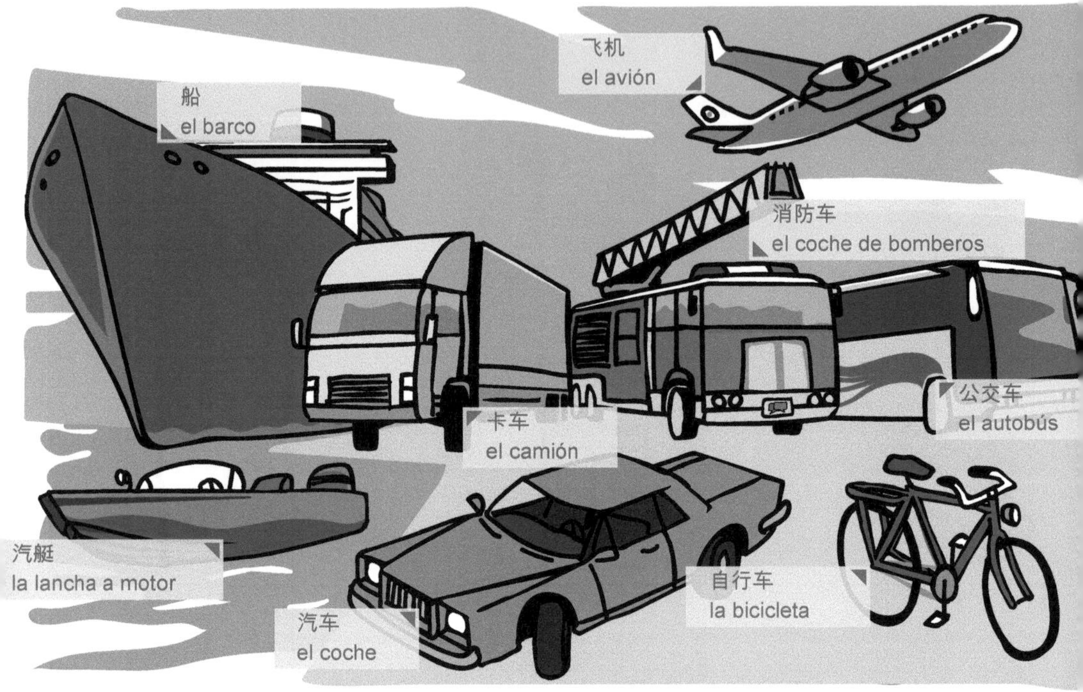
飞机
el avión
船
el barco
消防车
el coche de bomberos
公交车
el autobús
卡车
el camión
汽艇
la lancha a motor
自行车
la bicicleta
汽车
el coche

摆渡船

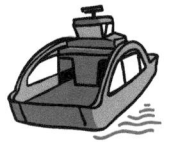

el transbordador

小船

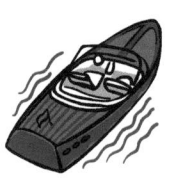

la barca

摩托车

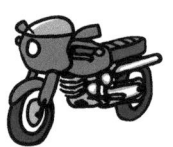

la moto

警车

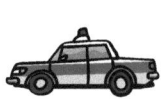

el coche de policía

赛车

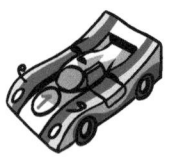

el coche de carreras

租车

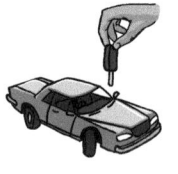

el coche de alquiler

拼车

el préstamo de vehículos

拖车

la grúa

垃圾车

el camión de la basura

发动机

el motor

汽油

la gasolina

加油站

la gasolinera

交通标志

la señal de tráfico

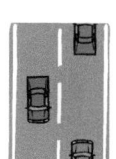

交通

el tráfico

交通堵塞

el atasco

停车场

el aparcamiento

火车站

la estación de tren

轨道

las vías

火车

el tren

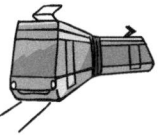

电车

el tranvía

货车

el vagón

直升机

el helicóptero

机场

el aeropuerto

塔

la torre

乘客

el pasajero

集装箱

el contenedor

纸板箱

la caja de cartón

手推车

la carretilla

篮子

la cesta

起飞/降落

despegar / aterrizar

# 城市

## la ciudad

村庄

el pueblo

市中心

el centro de la ciudad

房子

la casa

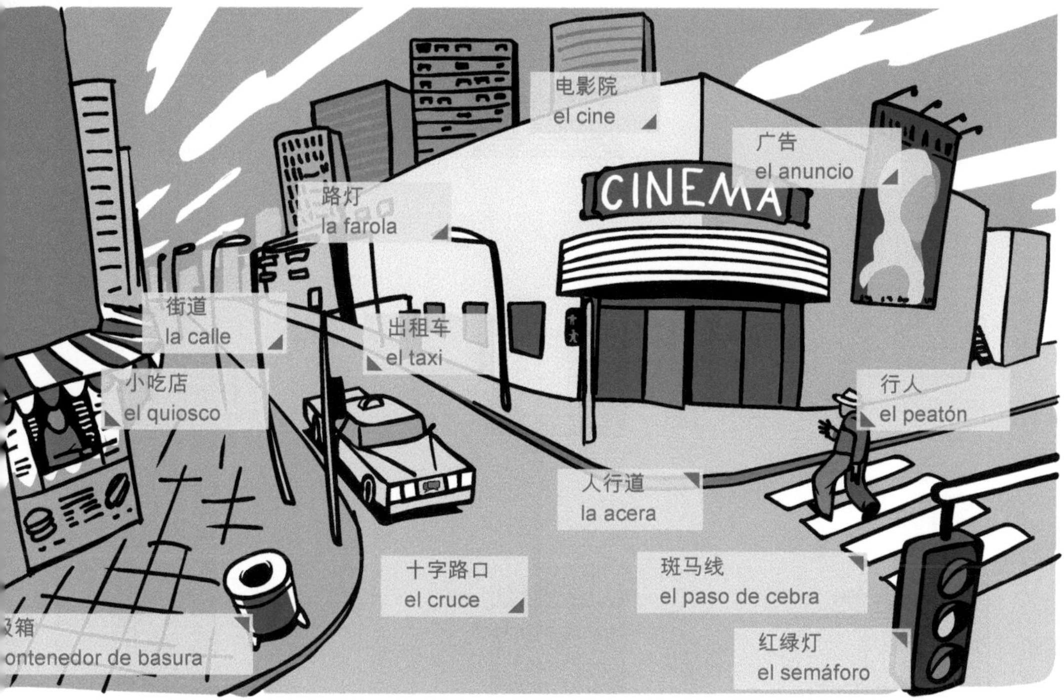

电影院
el cine

广告
el anuncio

路灯
la farola

街道
la calle

出租车
el taxi

行人
el peatón

小吃店
el quiosco

人行道
la acera

十字路口
el cruce

斑马线
el paso de cebra

红绿灯
el semáforo

圾箱
ontenedor de basura

小屋
la cabaña

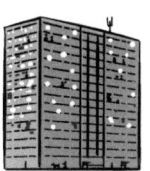

公寓
el apartamento

火车站
la estación de tren

市政厅
el ayuntamiento

博物馆
el museo

学校
la escuela

大学

la universidad

银行

el banco

医院

el hospital

酒店

el hotel

药房

la farmacia

办公室

la oficina

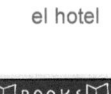

书店

la librería

商店

la tienda de campaña

花店

la floristería

超市

el supermercado

市场

el mercado

百货商店

los grandes almacenes

鱼店

la pescadería

购物中心

el centro comercial

海港

el puerto

公园

el parque

长凳

el banco

桥

el puente

楼梯

las escaleras

地铁

el metro

隧道

el túnel

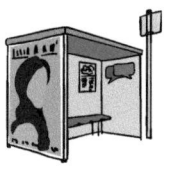

公交车站

la parada de autobús

酒吧

el bar

餐馆

el restaurante

邮筒

el buzón

路标

el poste indicador

停车计时器

el parquímetro

动物园

el zoo

游泳馆

la piscina

清真寺

la mezquita

农场

la granja

污染

la contaminación

墓地

el cementerio

教堂

la iglesia

操场

el patio de juego

寺庙

el templo

# 地形

# el paisaje

树叶
la hoja

指示牌
la señal

路
el camino

草地
el prado

石头
la piedra

树
el árbol

徒步旅行者
el excursionista

河
el río

草
la hierba

花
la flor

峡谷

el valle

山

la colina

湖

el lago

森林

el bosque

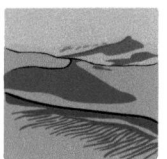

沙漠

el desierto

火山

el volcán

城堡

el castillo

彩虹

el arcoíris

蘑菇

el champiñón

棕榈树

la palmera

蚊子

el mosquito

苍蝇

la mosca

蚂蚁

la hormiga

蜜蜂

la abeja

蜘蛛

la araña

甲虫

el escarabajo

青蛙

la rana

松鼠

la ardilla

刺猬

el erizo

野兔

la liebre

猫头鹰

la lechuza

鸟

el pájaro

天鹅

el cisne

野猪

el jabalí

鹿

el ciervo

麋鹿

el alce

水坝

la presa

风力发电机

la turbina eólica

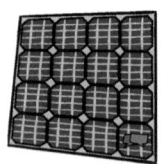

太阳能电池板

el panel solar

气候

el clima

# 餐馆

# el restaurante

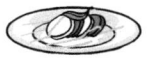

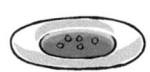

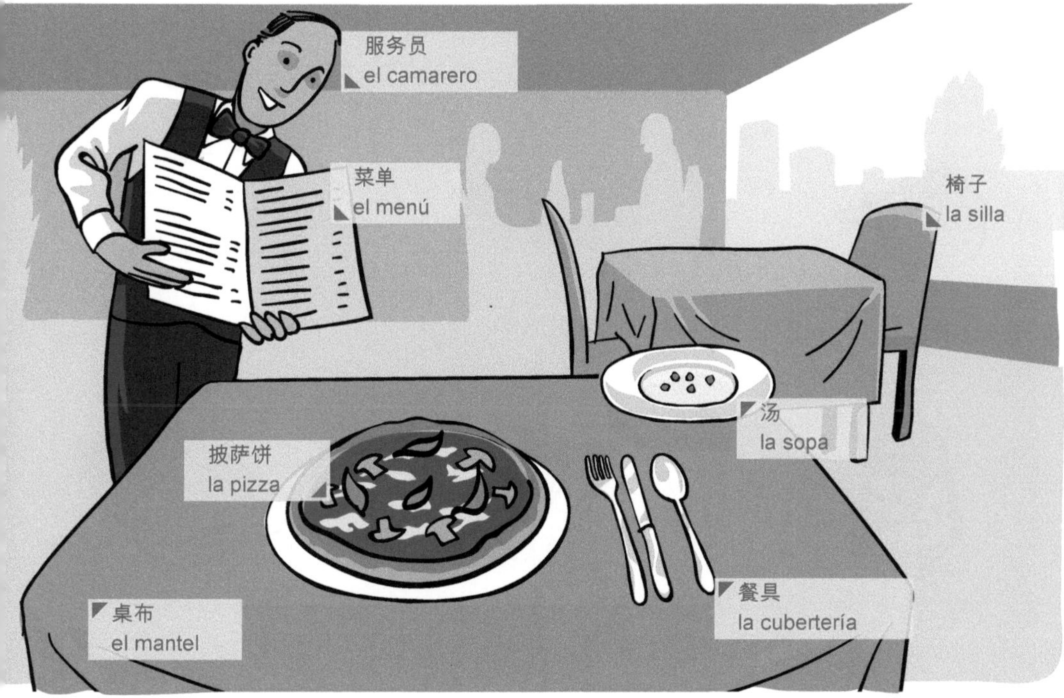
服务员
el camarero
菜单
el menú
椅子
la silla
汤
la sopa
披萨饼
la pizza
餐具
la cubertería
桌布
el mantel

前菜

el primer plato

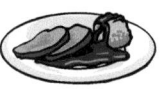

主菜

el plato principal

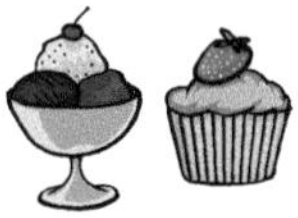

甜点

el postre

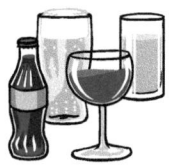

饮料

las bebidas

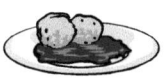

食物

la comida

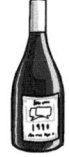

瓶子

la botella

快餐

la comida rápida

街边小吃

la comida callejera

茶壶

la tetera

糖盒

el azucarero

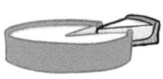

一份饭菜

la porción

意式咖啡机

la cafetera expreso

高脚椅

la trona

账单

la cuenta

托盘

la bandeja

刀

el cuchillo

餐叉

el tenedor

勺子

la cuchara

茶匙

la cucharilla

餐巾

la servilleta

玻璃杯

el vaso

碟子

el plato

汤盘

el plato hondo

碟子

el platillo

酱

la salsa

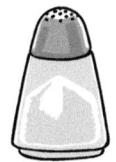

盐瓶

el salero

胡椒磨

el molinillo de pimienta

醋

el vinagre

食用油

el aceite

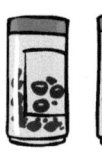

调味料

las especias

番茄酱

el ketchup

芥末

la mostaza

蛋黄酱

la mayonesa

# 超市
# el supermercado

特价
la oferta especial
顾客
el cliente
FOR
乳制品
los lácteos
水果
la fruta
购物车
el carro de compra

BUTCHERS

肉铺

la carniceria

BAKERY

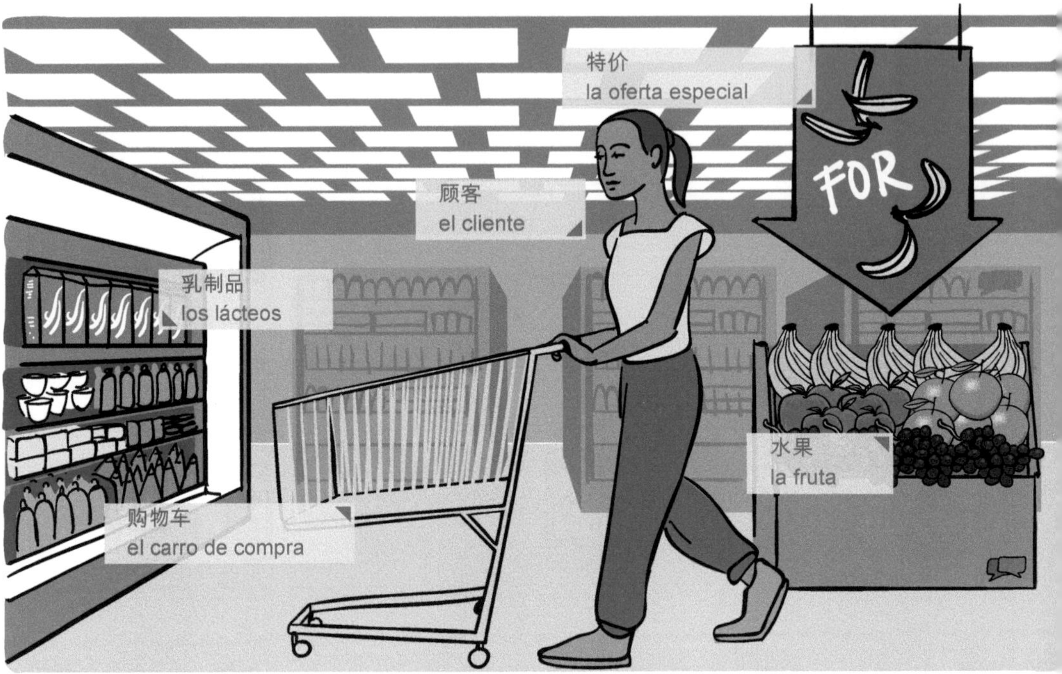

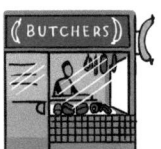

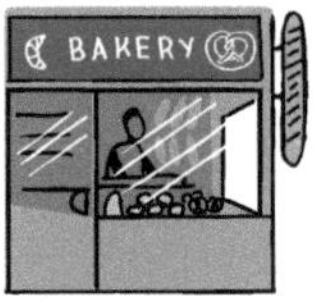

面包房

la panadería

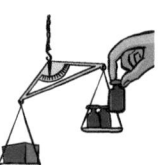

称重

pesar

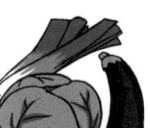

蔬菜

las verduras

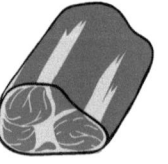

肉

la carne

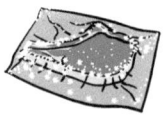

冷冻食品

los alimentos congelados

冷盘

los fiambres

罐头食品

las conservas

洗衣粉

el detergente en polvo

甜食

los dulces

日用品

productos de uso doméstico

清洁用品

productos de limpieza

销售员

la vendedora

收银机

la caja de cartón

收银员

el cajero

购物清单

la lista de la compra

开放时间

el horario de atención al público

钱包

la cartera

信用卡

la tarjeta de crédito

袋子

la bolsa de plástico

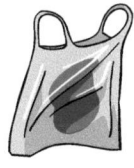

塑料袋

la bolsa de plástico

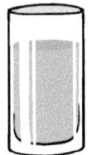

水
-------------
el agua

果汁
-------------
el zumo

牛奶
-------------
la leche

可乐
-------------
la cola

红酒
-------------
el vino

啤酒
-------------
la cerveza

酒
-------------
el alcohol

可可
-------------
el cacao

茶
-------------
el té

咖啡
-------------
el café

意式浓缩咖啡
-------------
el expreso

卡布奇诺
-------------
el capuchino

香蕉

el plátano

苹果

la manzana

橙子

la naranja

西瓜

el melón

柠檬

el limón

胡萝卜

la zanahoria

大蒜

el ajo

竹子

el bambú

洋葱

la cebolla

蘑菇

el champiñón

坚果

las avellanas

面条

los fideos

意大利面条
las espagueti

米饭
el arroz

沙拉
la ensalada

薯条
las patatas fritas

炸土豆
las patatas fritas

披萨饼
la pizza

汉堡包
la hamburguesa

三明治
el sándwich

炸猪排
el filete

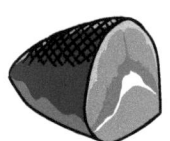

火腿
el jamón

萨拉米
le salami

香肠
la salchicha

鸡肉
el pollo

烤肉
el asado

鱼
el pescado

燕麦片

los copos de avena

穆兹利

el muesli

玉米片

los copos de maíz

面粉

la harina

羊角面包

el cruasán

面包卷

el panecillo

面包

el pan

烤面包

la tostada

饼干

las galletas

黄油

la mantequilla

凝乳

la cuajada

蛋糕

el pastel

蛋

el huevo

煎蛋

el huevo frito

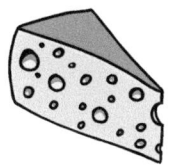

奶酪

el queso

食物 - la comida

冰激凌

el helado

糖

el azúcar

蜂蜜

la miel

果酱

la mermelada

巧克力酱

la crema de turrón

咖喱饭

el curry

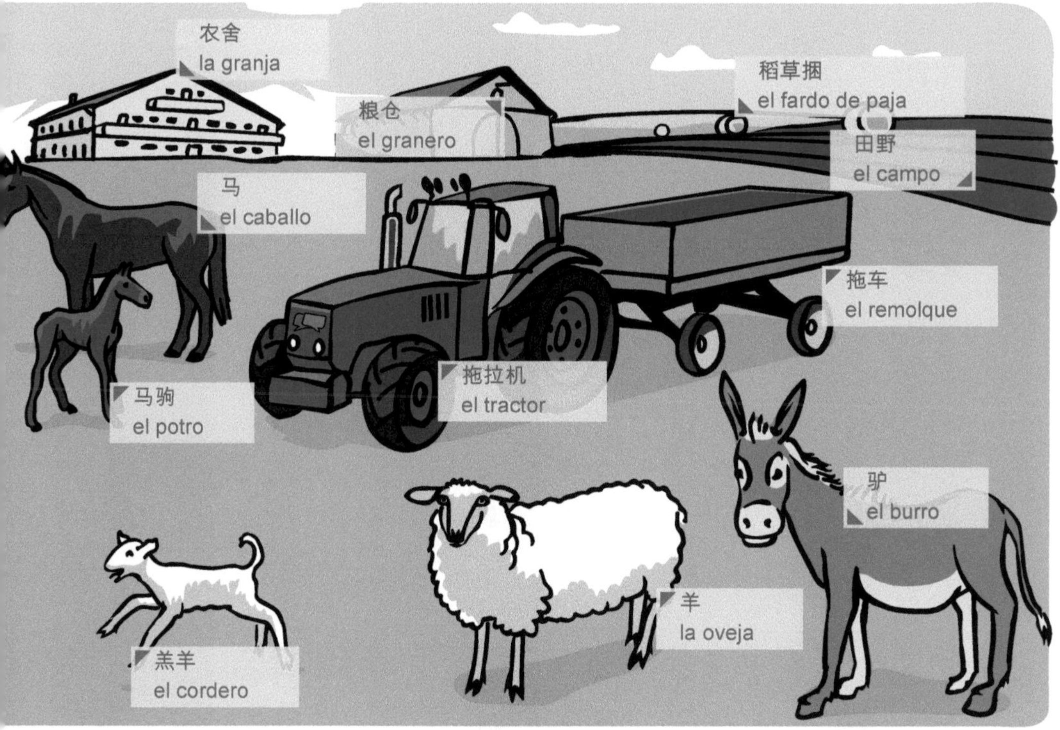

农舍
la granja

粮仓
el granero

稻草捆
el fardo de paja

田野
el campo

马
el caballo

拖车
el remolque

拖拉机
el tractor

马驹
el potro

驴
el burro

羔羊
el cordero

羊
la oveja

山羊

la cabra

奶牛

la vaca

牛犊

el ternero

猪

el cerdo

小猪

el cerdito

公牛

el toro

鹅
el ganso

鸭
el pato

小鸡
el pollo

母鸡
la gallina

公鸡
el gallo

鼠
la rata

猫
el gato

老鼠
el ratón

牛
el buey

狗
el perro

狗屋
la perrera

花园浇水软管
la manguera

洒水壶
la regadera

长柄大镰刀
la guadaña

犁
el arado

镰刀

la hoz

锄头

la azada

长柄草耙

la horca

斧头

el hacha

独轮手推车

la carretilla

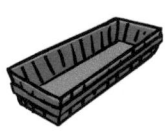

饲料槽

el abrevadero

牛奶罐

la lechera

麻布袋

el saco

栅栏

la valla

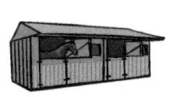

马厩

el establo

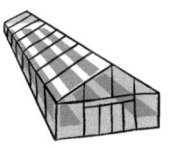

温室

el invernadero

土壤

el suelo

种子

la semilla

肥料

el fertilizador

联合收割机

la cosechadora

收割

cosechar

收割

la cosecha

山药

el ñame

小麦

el trigo

大豆

el soja

土豆

la patata

玉米

el maíz

油菜籽

la semilla de colza

果树

el árbol frutal

树薯

la mandioca

谷物

las cereales

# 房子
# la casa

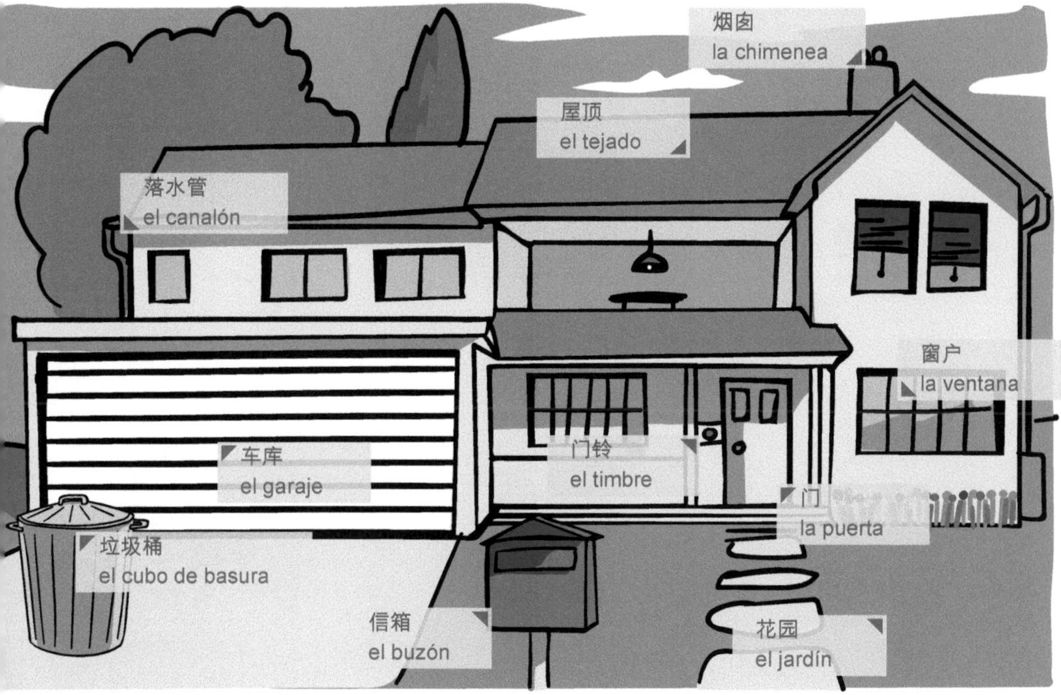

烟囱
la chimenea
屋顶
el tejado
落水管
el canalón
窗户
la ventana
车库
el garaje
门铃
el timbre
门
la puerta
垃圾桶
el cubo de basura
信箱
el buzón
花园
el jardín


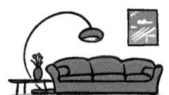

客厅

la sala

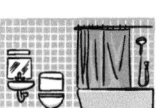

浴室

el cuarto de baño

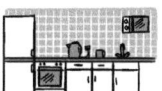

厨房

la cocina

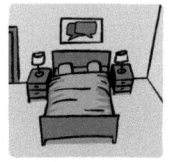

卧室

el dormitorio

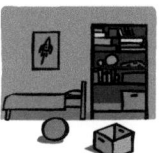

儿童房

la habitación de los niños

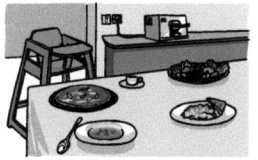

餐厅

el comedor

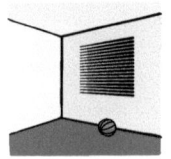

地板
el suelo

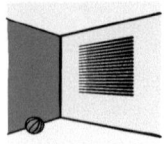

墙壁
la pared

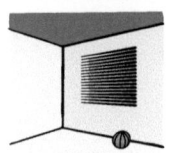

吊顶
el techo

地窖
el sótano

桑拿
la sauna

阳台
el balcón

露台
la terraza

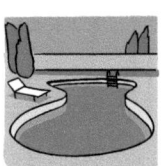

游泳池
la piscina

割草机
el cortacésped

被单
la sábana

床罩
la colcha

床
la cama

扫帚
la escoba

水桶
el balde

开关
el interruptor

# 客厅

# la sala

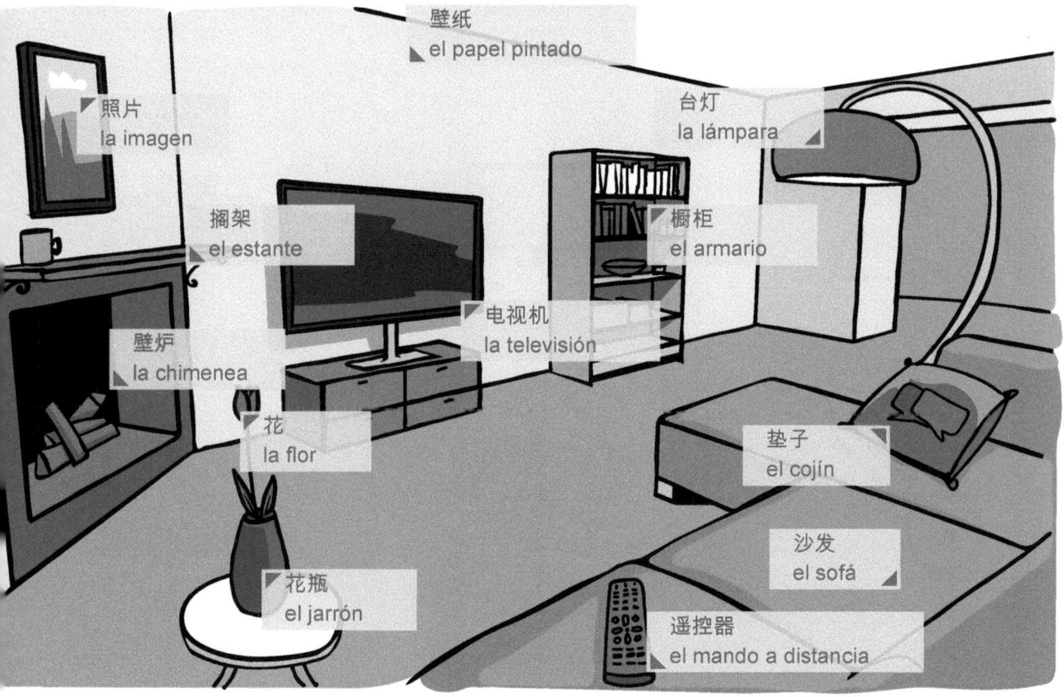

壁纸
el papel pintado
照片
la imagen
台灯
la lámpara
搁架
el estante
橱柜
el armario
电视机
la televisión
壁炉
la chimenea
花
la flor
垫子
el cojín
沙发
el sofá
花瓶
el jarrón
遥控器
el mando a distancia


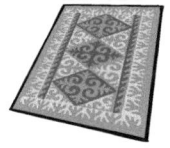

地毯

la alfombra

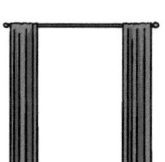

窗帘

la cortina

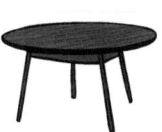

餐桌

la mesa

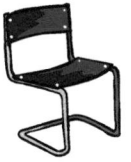

椅子

la silla

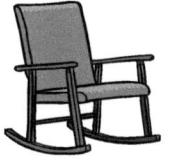

摇椅

el mecedora

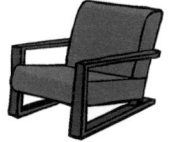

扶手椅

la butaca

书
el libro

毯子
la manta

装饰品
la decoración

木柴
la leña

电影
la película

高保真音响
el equipo de música

钥匙
la llave

报纸
el periódico

油画
la pintura

海报
el póster

收音机
la radio

笔记本
el cuaderno

吸尘器
la aspiradora

仙人掌
el cactus

蜡烛
la vela

# 厨房

# la cocina

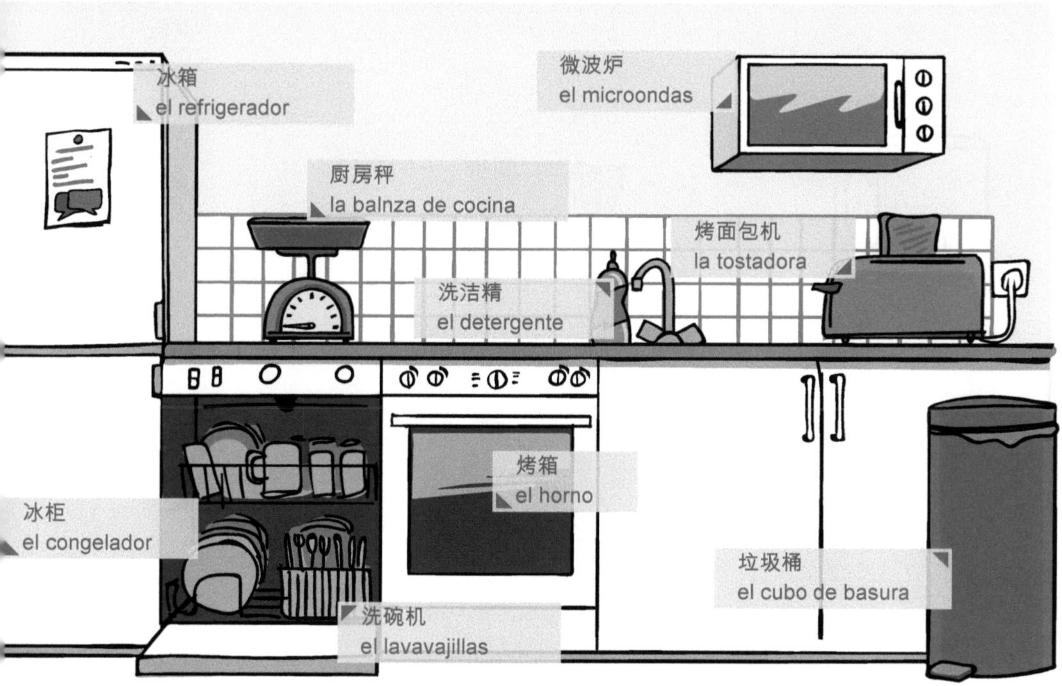
冰箱
el refrigerador
微波炉
el microondas
厨房秤
la balnza de cocina
烤面包机
la tostadora
洗洁精
el detergente
烤箱
el horno
冰柜
el congelador
垃圾桶
el cubo de basura
洗碗机
el lavavajillas

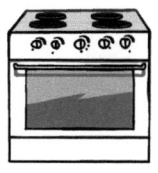

炊具
..................
la olla a presión

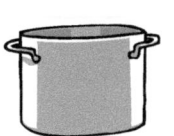

锅
..................
la olla

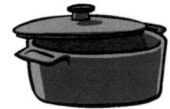

铸铁锅
..................
la olla de hierro fundido

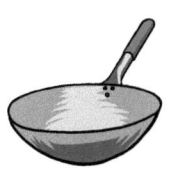

炒锅
..................
el wok

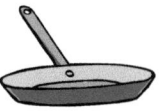

平底锅
..................
la cazuela

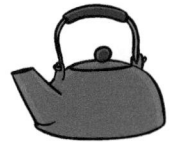

水壶
..................
el hervidor

蒸锅

la vaporera

烤盘

la chapa de horno

陶瓷锅

la vajilla

马克杯

la taza

碗

el tazón

筷子

los palillos

长柄勺

el cucharón

铲子

la espumadera

搅拌器

el batidor

滤网

el colador

筛子

el cedazo

磨碎机

el rallador

研钵

el mortero

烧烤

la barbacoa

明火

la hoguera

菜板
la tabla de picar

擀面杖
el rodillo

开瓶器
el sacacorchos

罐子
la lata

开罐器
el abrelatas

隔热手套
el agarrador

水槽
el lavabo

刷子
el cepillo

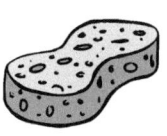

海绵
la esponja

搅拌机
la batidora

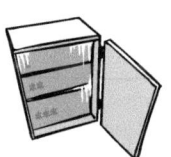

冷藏箱
el congelador

奶瓶
el biberón

水龙头
el grifo

厨房 - la cocina

# 浴室

# el cuarto de baño

淋浴
la ducha
供暖设备
la calefacción
毛巾
la toalla
浴帘
la cortina de la ducha
泡沫浴
el baño de espuma
浴缸
la bañera
玻璃杯
el vaso
洗衣机
la lavadora
水龙头
el grifo
瓷砖
las baldosas
便壶
el orinal
水槽
el lavabo

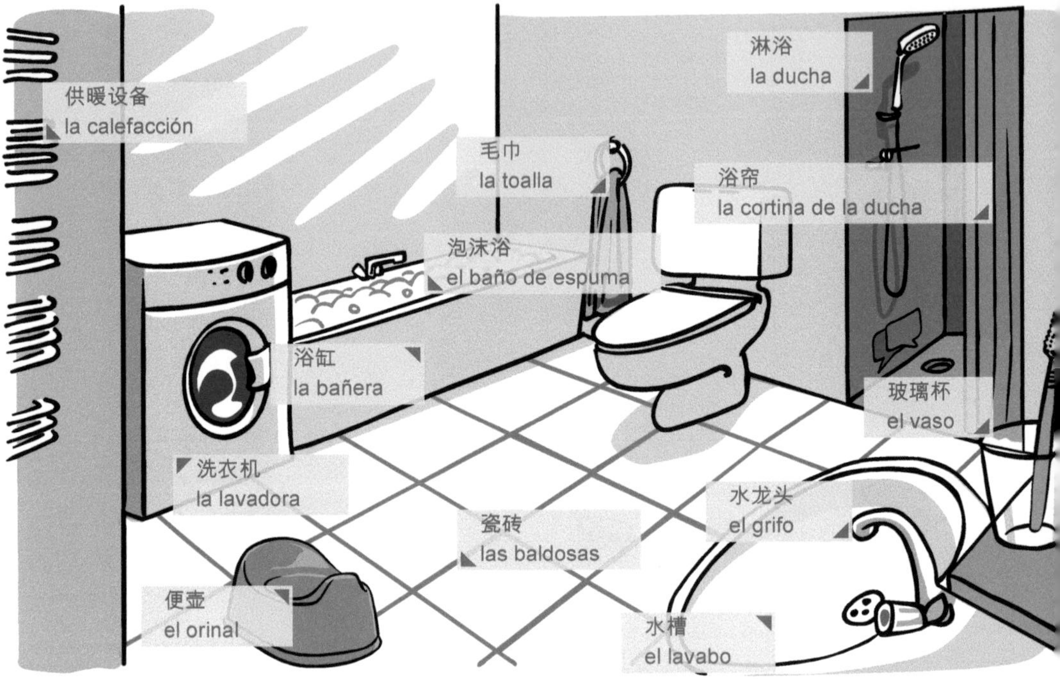

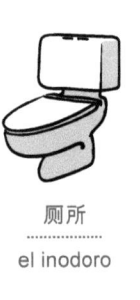

厕所

el inodoro

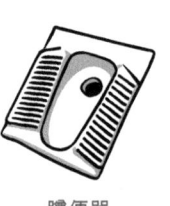

蹲便器

el inodoro rústico

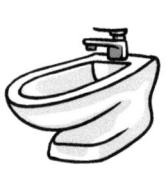

坐浴器

el bidé

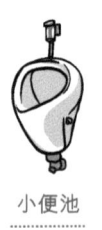

小便池

el urinario

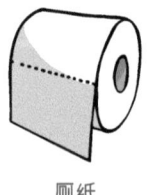

厕纸

el papel higiénico

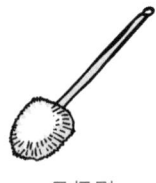

马桶刷

la escobilla del váter

牙刷

el cepillo de dientes

牙膏

la pasta de dientes

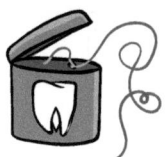

牙线

el hilo dental

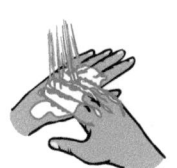

洗

lavar

手持式喷淋头

la ducha de mano

冲洗器

la ducha íntima

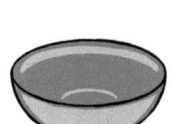

洗脸盆

la pila

擦背刷

el cepillo de espalda

肥皂

el jabón

沐浴露

el gel de ducha

洗发水

el champú

法兰绒

la toallita

排水

el desagüe

乳霜

la crema

除臭剂

el desodorante

镜子
el espejo

手镜
el espejo de tocador

剃须刀
la maquinilla de afeitar

剃须泡沫
la espuma de afeitar

须后水
la loción postafeitado

梳子
el peine

刷子
el cepillo

吹风机
el secador

喷发定型剂
la laca

化妆品
el maquillaje

唇膏
el pintalabios

指甲油
el pintauñas

化妆棉
el algodón

指甲剪
el cortauñas

香水
el perfume

洗漱包

el estuche de viaje

凳子

la banqueta

计重秤

la balanza

浴袍

el albornoz

橡胶手套

los guantes de goma

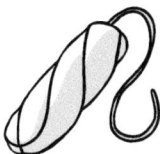

卫生棉条

el tampón

卫生巾

la compresa

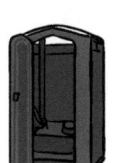

化学厕所

el inodoro químico

# la habitación de los niños

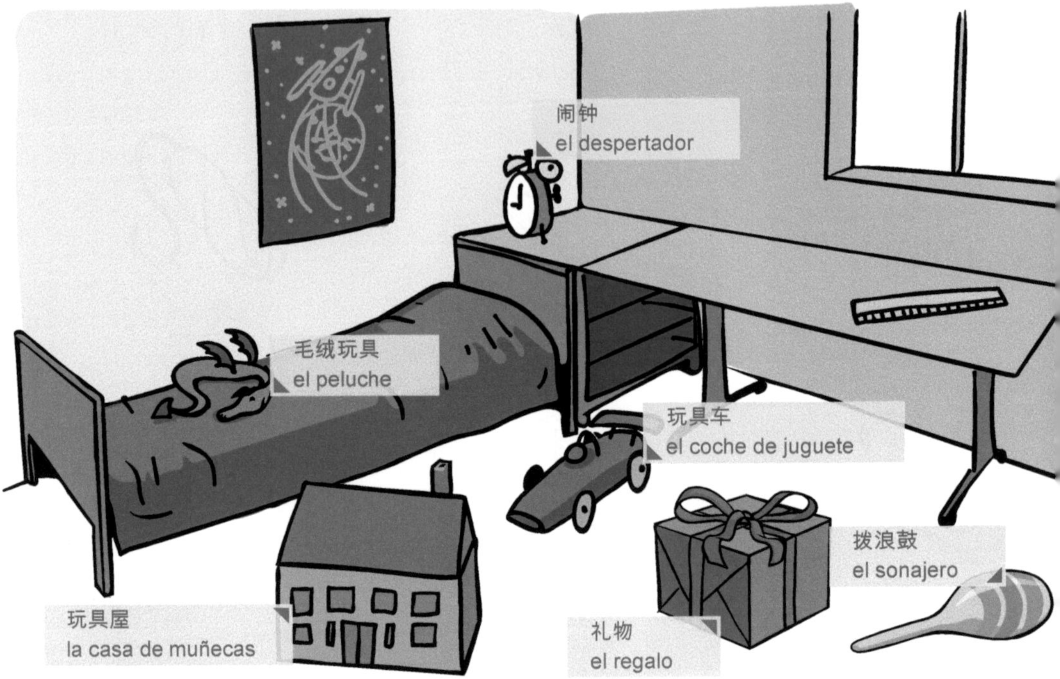

闹钟
el despertador

毛绒玩具
el peluche

玩具车
el coche de juguete

拨浪鼓
el sonajero

玩具屋
la casa de muñecas

礼物
el regalo

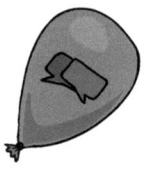

气球
el globo

床
la cama

（洋娃娃用）婴儿车
el coche de niño

扑克牌
los naipes

拼图
el puzle

漫画
el tebeo

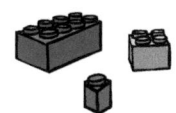

乐高积木

las piezas de lego

积木玩具

los bloques de juguete

玩具人

la figura de acción

婴儿服

el bodi (de bebé)

飞盘

el frisbee

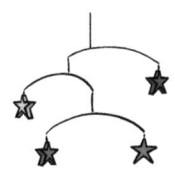

床铃玩具

el colgador móvil para bebés

棋盘游戏

el juego de mesa

骰子

los dados

火车模型

el circuito de tren eléctrico

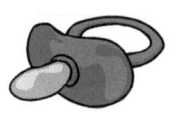

安抚奶嘴

el maniquí

聚会

la fiesta

绘本

el álbum de fotos

球

la pelota

洋娃娃

la muñeca

玩

jugar

沙坑

el cajón de arena

秋千

el columpio

玩具

los juguetes

游戏机

la videoconsola

三轮车

el triciclo

泰迪熊

el oso de peluche

衣柜

la guardarropa

# 衣服

## la ropa

袜子

los calcetines

长袜

las medias

紧身裤

los leotardos

44     衣服 - la ropa

围巾
la bufanda

雨伞
el paraguas

T恤
la camiseta

皮带
el cinturón

运动鞋
las deportivas

靴子
las botas

拖鞋
las zapatillas

凉鞋

las sandalias

鞋

los zapatos

雨靴

las botas de goma

内裤

el slip

胸罩

el sostén

背心

el chaleco

衣服 - la ropa 45

身体

el bodi

裤子

los pantalones cortos

牛仔裤

los vaqueros

短裙

la falda

女式衬衫

la blusa

衬衫

la camisa

套头衫

el jersey

卫衣

el suéter

西装夹克

el blazer

夹克

la chaqueta

外套

el abrigo

雨衣

la gabardina

套装

el traje

连衣裙

el vestido

婚纱

el vestido de novia

西装

el traje

睡袍

el camisón

睡衣

el pijama

莎丽

el sati

头巾

el bandana

包头巾

el turbante

波卡

la burka

卡夫坦

el caftán

(阿拉伯式)长袍长袍

la abaya

泳衣

el traje de baño

男式泳裤

el bañador

短裤

los pantalones cortos

运动服

el chándal

围裙

el delantal

手套

los guantes

纽扣
el botón

眼镜
las gafas

手链
el brazalete

项链
el collar

戒指
el anillo

耳环
el pendiente

便帽
la gorra

衣架
la percha

帽子
el sombrero

领带
la corbata

拉链
la cremallera

头盔
el casco

背带
los tirantes

校服
el uniforme

制服
el uniforme

围兜
el babero

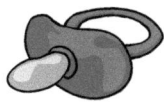

安抚奶嘴
el maniquí

尿不湿
el pañal

# 办公室
# la oficina

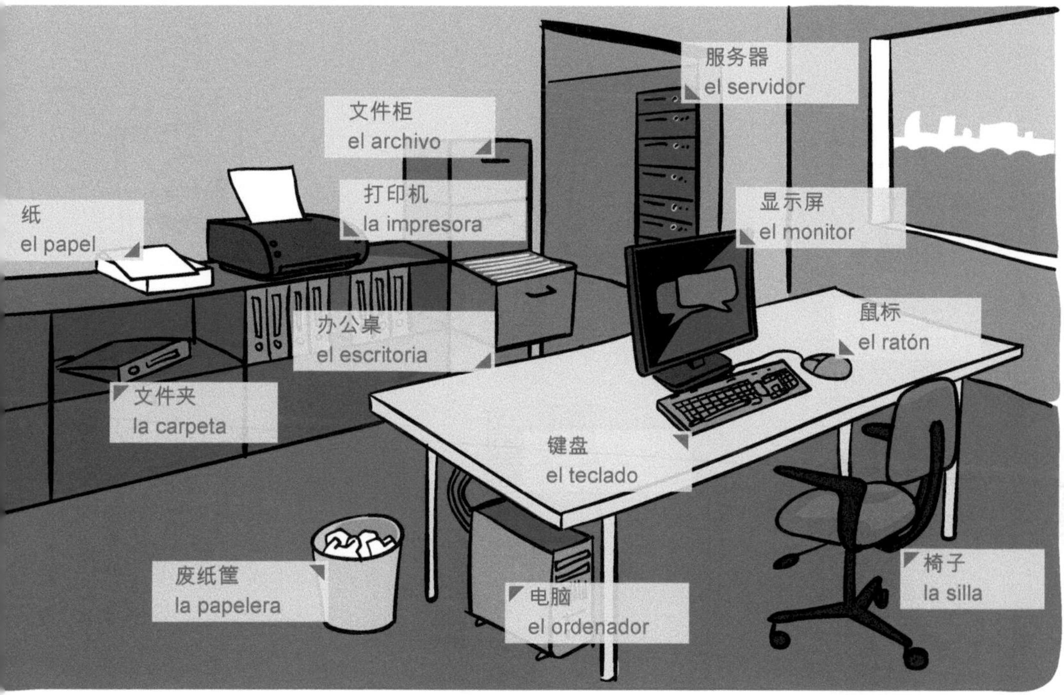

服务器
el servidor

文件柜
el archivo

打印机
la impresora

纸
el papel

显示屏
el monitor

办公桌
el escritoria

鼠标
el ratón

文件夹
la carpeta

键盘
el teclado

废纸筐
la papelera

椅子
la silla

电脑
el ordenador

咖啡杯
la taza de café

计算器
la calculadora

因特网
el internet

笔记本电脑
el portátil

信件
la carta

消息
el mensaje

手机
el móvil

网络
la red

复印机
la fotocopiadora

软件
el software

电话
el teléfono

插座
la toma de corriente

传真机
el fax

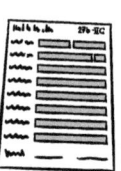

表格
el formulario

文件
el documento

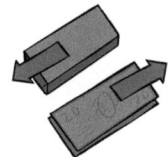

买

comprar

付钱

pagar

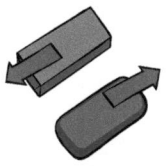

交易

comerciar

现金

el dinero

美元

el dólar

欧元

el euro

日元

el yen

卢布

el rublo

瑞士法郎

el franco suizo

人民币

el renminbi yuan

卢比

la rupia

提款处

el cajero automático

外币兑换处

la oficina de cambio de divisas

金

el oro

银

la plata

石油

el petróleo

能源

la energía

价格

el precio

合同

el contrato

税金

el impuesto

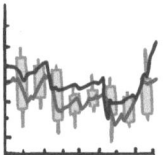

股票

la acción

工作

trabajar

职员

el empleador

老板

el empleador

工厂

la fábrica

商店

la tienda de campaña

# 职业

# los oficios

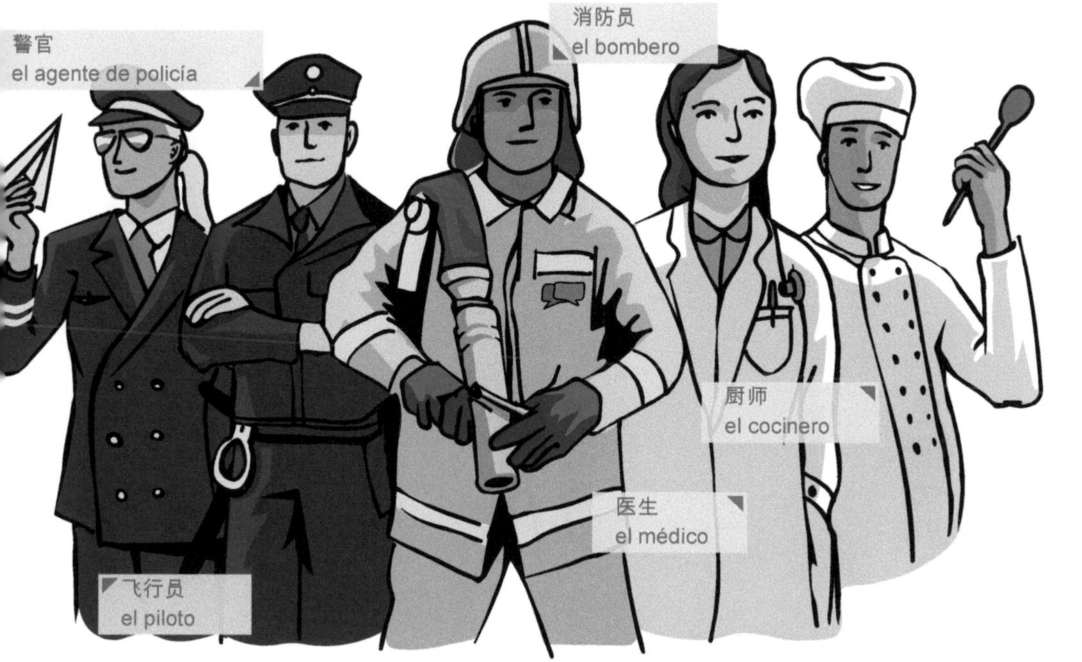

消防员
el bombero
警官
el agente de policía
厨师
el cocinero
医生
el médico
飞行员
el piloto


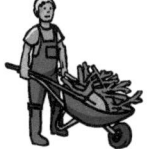

园丁

el jardinero

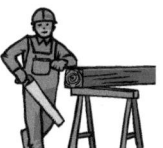

木匠

el carpintero

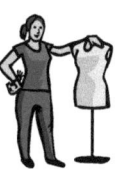

裁缝

la costurera

法官

el juez

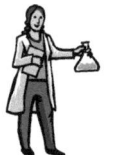

化学家

el farmacéutico

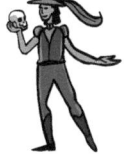

演员

el actor

公交车司机

el conductor de autobús

出租车司机

el taxista

渔夫

el pescador

清洁女工

la señora de la limpieza

屋顶工

el techador

服务员

el camarero

猎人

el cazador

画家

el pintor

面包师

el panadero

电工

el electricista

建筑工人

el obrero

工程师

el ingeniero

屠夫

el carnicero

水管工

el fontanero

邮递员

el cartero

士兵

el soldado

建筑师

el arquitecto

收银员

el cajero

花农

el florista

理发师

el peluquero

售票员

el revisor

机械师

el mecánico

船长

el capitán

牙医

el dentista

科学家

el científico

拉比

el rabino

伊玛目

el imán

和尚

el monje

牧师

el sacerdote

# 工具

## las herramientas

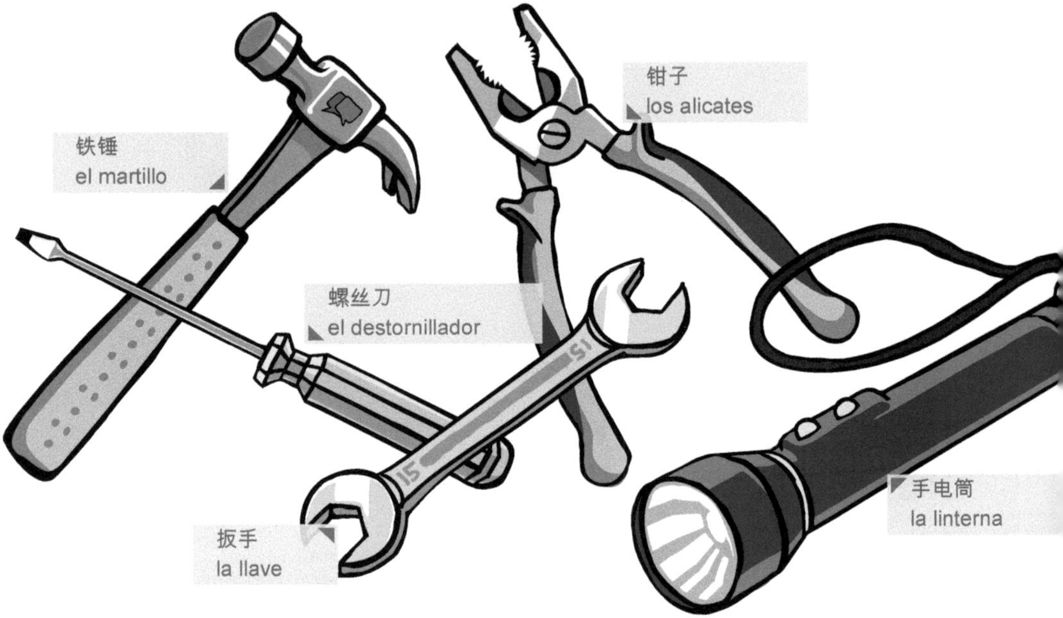

铁锤
el martillo

钳子
los alicates

螺丝刀
el destornillador

扳手
la llave

手电筒
la linterna

挖掘机

la excavadora

工具箱

la caja de herramientas

梯子

la escalera de mano

锯子

la sierra

钉子

los clavos

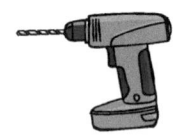

钻机

el taladro

修
reparar

铲子
la pala

靠！
¡Maldita sea!

簸箕
el recogedor

油漆桶
el bote de pintura

螺丝
los tornillos

# 乐器
# los instrumentos musicales

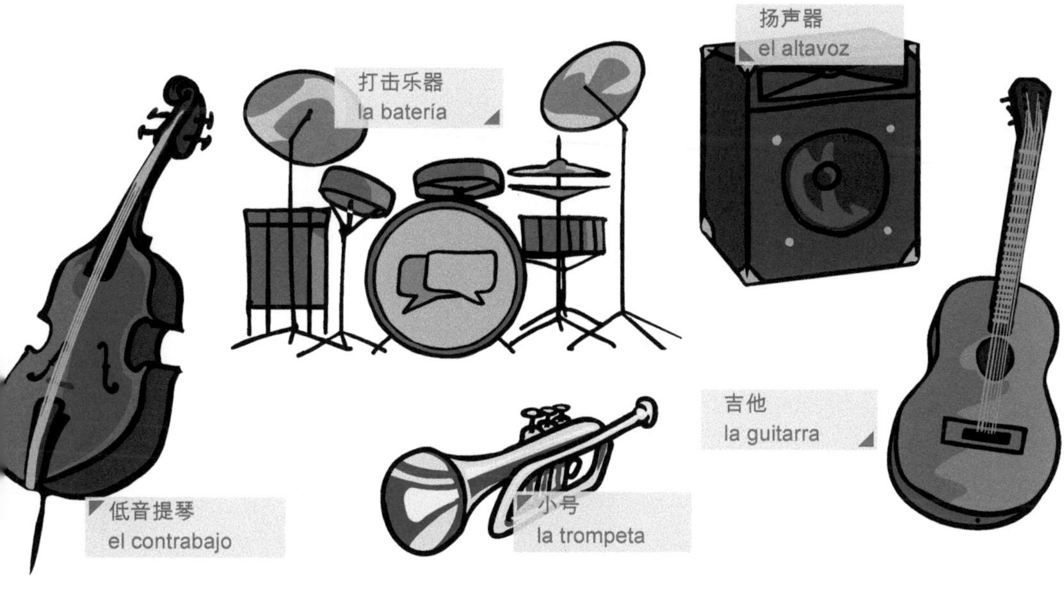

打击乐器
la batería

扬声器
el altavoz

吉他
la guitarra

低音提琴
el contrabajo

小号
la trompeta

钢琴

el piano

小提琴

el violín

贝斯

bajo

定音鼓

los timbales

鼓

el tambor

电子琴

el teclado

萨克斯管

el saxofón

长笛

la flauta

麦克风

el micrófono

# 动物园

# el zoo

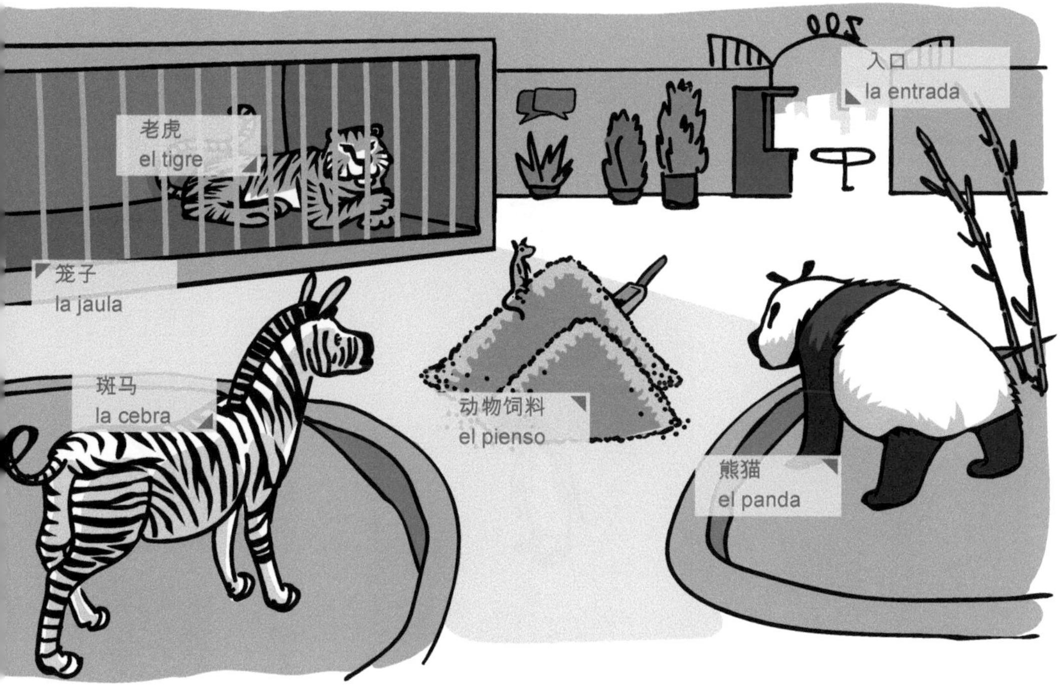

入口
la entrada
老虎
el tigre
笼子
la jaula
斑马
la cebra
动物饲料
el pienso
熊猫
el panda


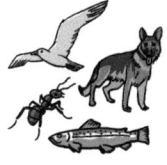

动物

los animales

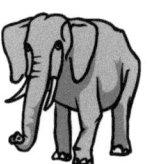

大象

el elefante

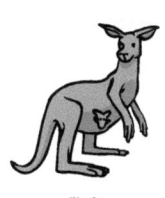

袋鼠

el canguro

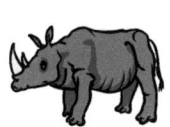

犀牛

el rinoceronte

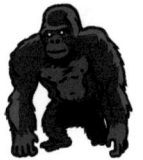

大猩猩

el gorila

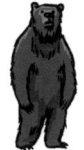

熊

el oso

骆驼

el camello

鸵鸟

el avestruz

狮子

el león

猴子

el mono

火烈鸟

el flamingo

鹦鹉

el loro

北极熊

el oso polar

企鹅

el pingüino

鲨鱼

el tiburón

孔雀

el pavo real

蛇

la serpiente

鳄鱼

el cocodrilo

动物园管理员

el guardián de zoológico

海豹

la foca

美洲豹

el jaguar

矮种马
el poni

豹
el leopardo

河马
el hipopótamo

长颈鹿
la jirafa

老鹰
el águila

野猪
el jabalí

鱼
el pescado

龟
la tortuga

海象
la morsa

狐狸
el zorro

羚羊
la gacela

动物园 - el zoo

# 体育

# los deportes

橄榄球
el fútbol americano

骑自行车
el ciclismo

网球
el tenis

篮球
el baloncesto

游泳
la natación

拳击
el boxeo

冰球
el hockey sobre hielo

英式足球
el fútbol

羽毛球
el bádminton

田径
el atletismo

手球
el balonmano

滑雪
el esquí

马球
el polo

笑
reír

跳
saltar

拥抱
abrazar

走路
caminar

唱
cantar

祈祷
rezar

亲吻
besar

做梦
soñar

书写
escribir

画
dibujar

展示
mostrar

推
empujar

给
dar

拿
tomar

有
tener

做
hacer

当
ser

站
estar de pie

跑
correr

拉
tirar

扔
tirar

摔倒
caer

躺
yacer

等待
esperar

携带
llevar

坐
estar sentado

穿衣
vestirse

睡觉
dormir

醒来
despertar

看
mirar

哭
llorar

抚摸
acariciar

梳头
peinar

交谈
hablar

明白
entender

问
preguntar

听
escuchar

喝
beber

吃
comer

清理
ordenar

爱
amar

做饭
cocinar

开车
conducir

飞
volar

航行

navegar

计算

calcular

读

leer

学习

aprender

工作

trabajar

结婚

casarse

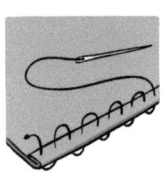

缝

coser

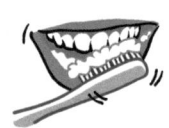

刷牙

cepillarse los dientes

杀

matar

抽烟

fumar

寄

enviar

# la familia

祖母
la abuela

祖父
el abuelo

父亲
el padre

母亲
la madre

婴童
el bebé

女儿
la hija

儿子
el hijo

客人
el invitado

阿姨
la tía

叔叔
el tío

兄弟
el hermano

姐妹
la hermana

# 身体

# el cuerpo

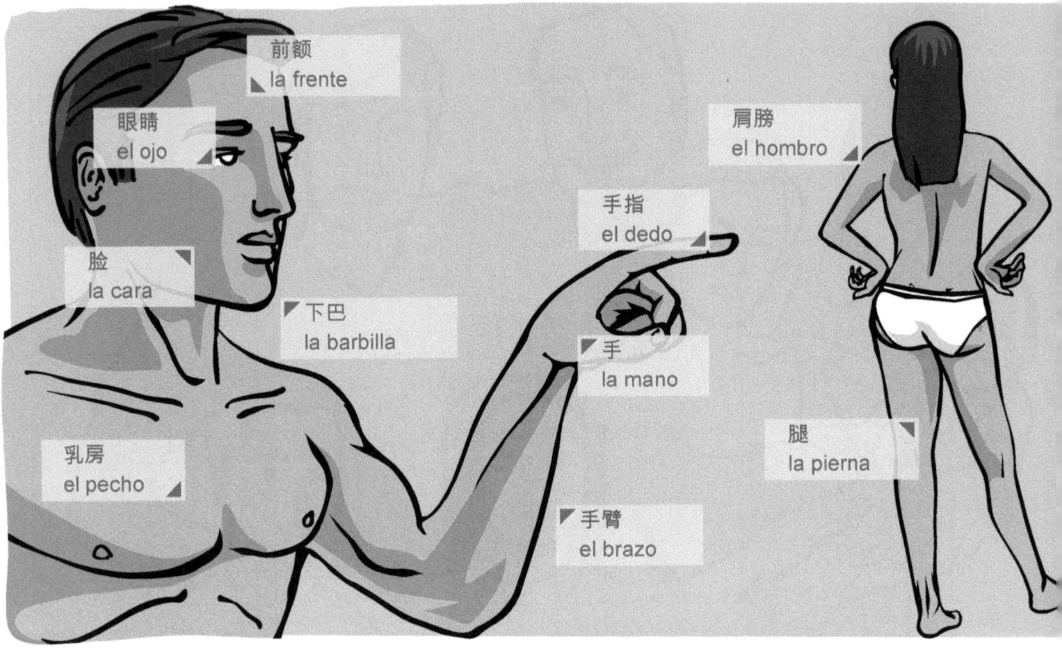

前额
la frente

眼睛
el ojo

肩膀
el hombro

手指
el dedo

脸
la cara

下巴
la barbilla

手
la mano

乳房
el pecho

腿
la pierna

手臂
el brazo

婴童
el bebé

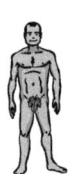

男人
el hombre

女人
la mujer

女孩
la chica

男孩
el chico

头
la cabeza

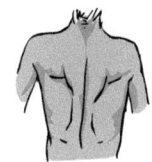

背部

la espalda

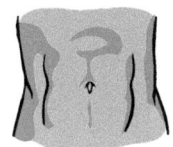

肚子

el vientre

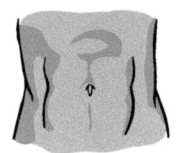

肚脐

el ombligo

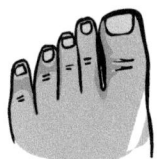

脚趾

el dedo del pie

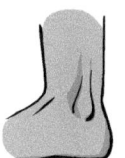

脚后跟

el talón

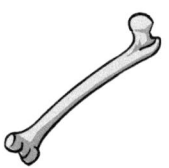

骨头

el hueso

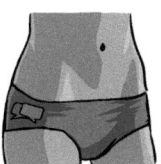

臀部

la cadera

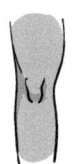

膝盖

la rodilla

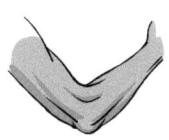

手肘

el codo

鼻子

la nariz

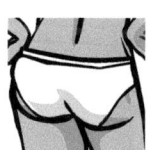

屁股

el trasero

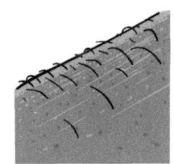

皮肤

la piel

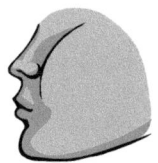

脸颊

la mejilla

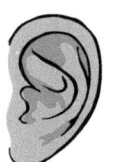

耳朵

el oído

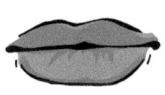

嘴唇

el labio

身体 - el cuerpo

嘴

la boca

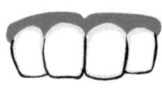

牙齿

el diente

舌头

la lengua

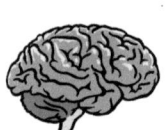

脑

el cerebro

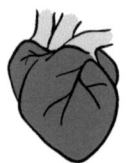

心脏

el corazón

肌肉

el músculo

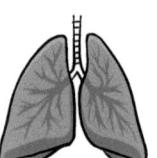

肺

el pulmón

肝脏

el hígado

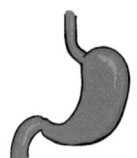

胃

el estómago

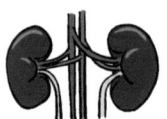

肾脏

los riñones

性交

el sexo

避孕套

el condón

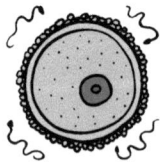

卵子

el ovario

精子

el semen

怀孕

el embarazo

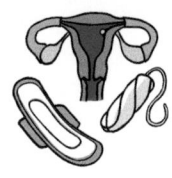

月经

la menstruación

阴道

la vagina

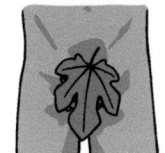

阴茎

el pene

眉毛

la ceja

头发

el pelo

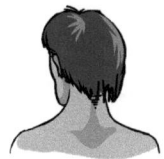

脖子

el cuello

# 医院
# el hospital

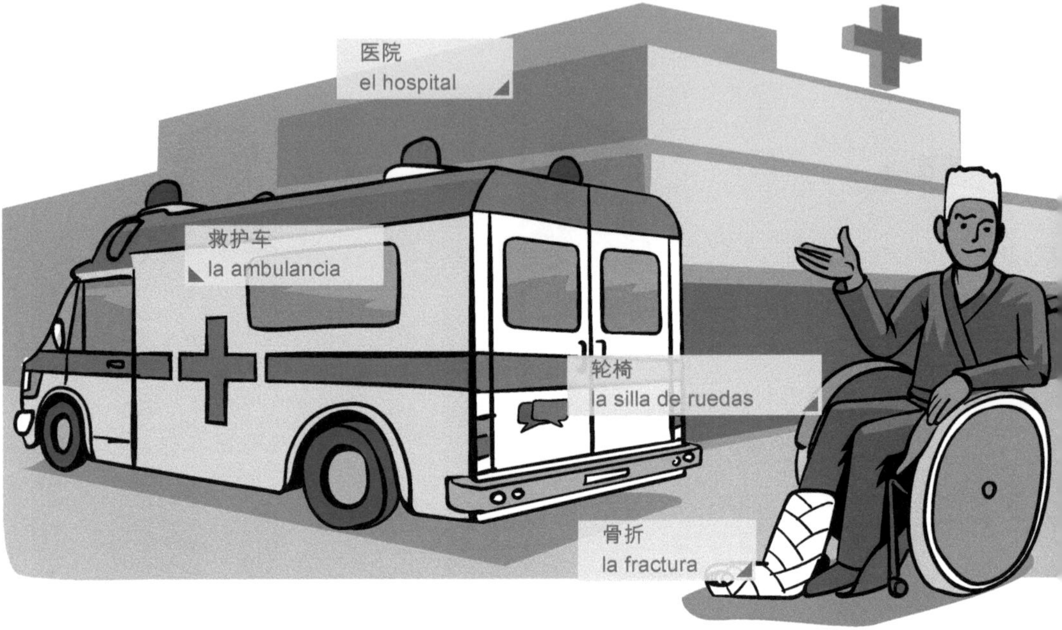

医院
el hospital

救护车
la ambulancia

轮椅
la silla de ruedas

骨折
la fractura

医生

el médico

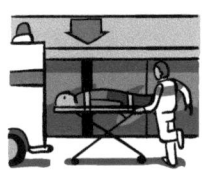

急诊室

la sala de urgencias

护士

la enfermera

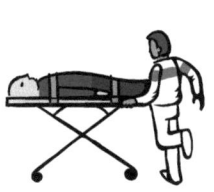

紧急情况

la urgencia

昏迷

inconsciente

痛

el dolor

受伤

la lesión

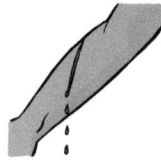

出血

la hemorragia

心脏病发作

el infarto

中风

el ictus

过敏

la alergia

咳嗽

la tos

发烧

la fiebre

流感

la gripe

腹泻

la diarrea

头痛

el dolor de cabeza

癌症

el cáncer

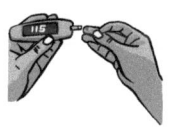

糖尿病

la diabetes

外科医生

el cirujano

手术刀

el bisturí

手术

la operación

CT
.................
TAC

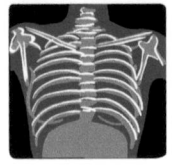

X光
.................
los rayos x

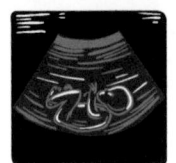

超声波
.................
el ultrasonido

口罩
.................
la mascarilla

疾病
.................
la enfermedad

候诊室
.................
la sala de espera

拐杖
.................
la muleta

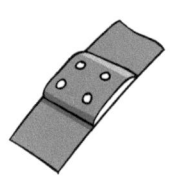

石膏
.................
la tirita

绷带
.................
la venda

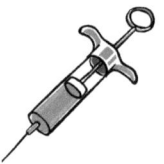

注射
.................
la inyección

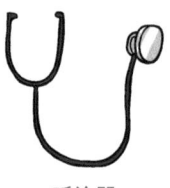

听诊器
.................
el estetoscopio

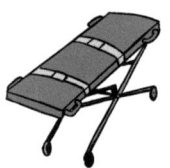

担架
.................
la camilla

体温计
.................
el termómetro

出生
.................
el nacimiento

超重
.................
el sobrepeso

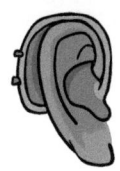

助听器

el audífono

消毒液

el desinfectante

感染

la infección

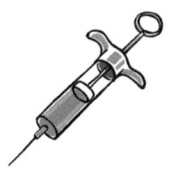

病毒

el virus

艾滋病

VIH / SIDA

药物

la medicina

接种疫苗

la vacunación

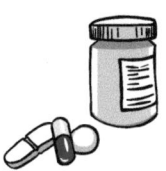

药片

las tabletas

药丸

la pastilla

急救电话

la llamada de urgencia

血压计

el tensiómetro

生病/健康

enfermo / sano

救命！

¡Socorro!

警报

la alarma

突击

el asalto

攻击

el ataque

危险

el peligro

紧急出口

la salida de emergencia

着火啦！

¡Fuego!

灭火器

el extintor de incendios

意外

el accidente

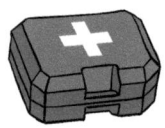

急救箱

el botiquín de primeros
auxilios

呼救信号

SOS

警察

la policía

欧洲

Europa

北美洲

Norteamérica

南美洲

Sudamérica

非洲

África

亚洲

Asia

澳洲

Australia

大西洋

el atlántico

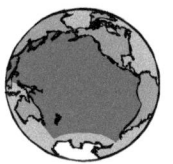

太平洋

el Pacífico

印度洋

el Océano Índico

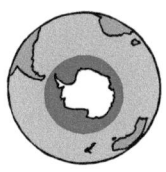

南冰洋

el Océano Antártico

北冰洋

el Océano Ártico

北极

el polo norte

南极

el polo sur

南极洲

La Antártida

地球

la tierra

陆地

la tierra

海

el mar

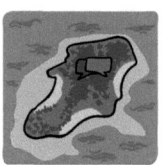

岛

la isla

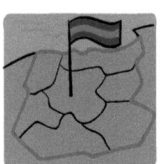

国家

la nación

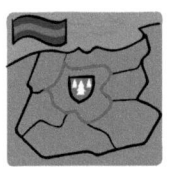

国家

el estado

钟面

la esfera

时针

la manecilla de las horas

分针

el minutero

秒针

el segundero

现在几点？

¿Qué hora es?

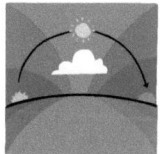

天

el día

时间

el tiempo

现在

ahora

电子表

el reloj digital

分

el minuto

时

la hora

# la semana

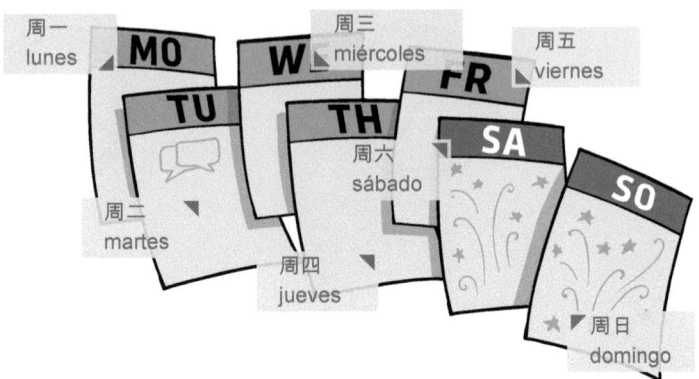

周一 lunes
周三 miércoles
周五 viernes
周二 martes
周四 jueves
周六 sábado
周日 domingo

昨天

ayer

今天

hoy

明天

mañana

早晨

la mañana

中午

el mediodía

晚上

la tarde

工作日

los días laborables

周末

el fin de semana

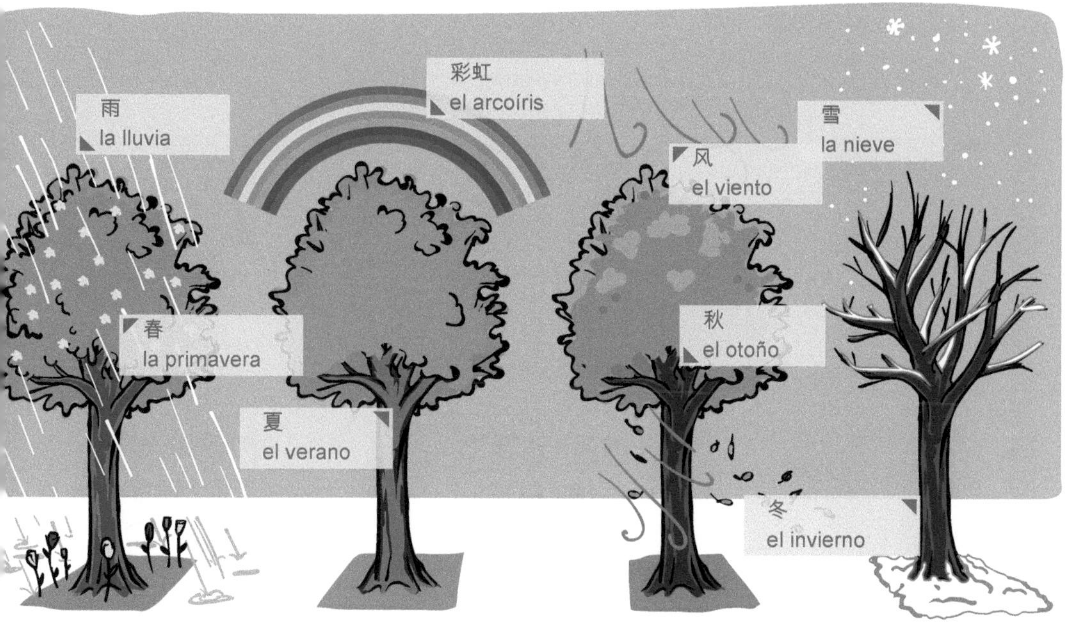

雨
la lluvia
彩虹
el arcoíris
雪
la nieve
风
el viento
春
la primavera
秋
el otoño
夏
el verano
冬
el invierno

4.APRIL 11°
5.APRIL 4°
6.APRIL 13°
7.APRIL 8°
8.APRIL 10°

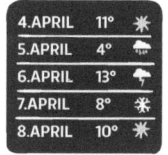

天气预报

el pronóstico del tiempo

F
C
120
90
60
30
0
-30
40
30
20
10
0
-10
-20

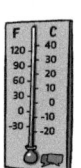

温度计

el termómetro

阳光

el sol

云

la nube

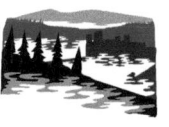

雾

la niebla

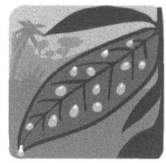

潮湿

la humedad

闪电
el rayo

打雷
el trueno

风暴
la tormenta

冰雹
el granizo

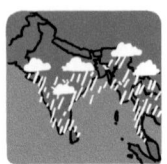

季风
el monzón

洪水
la inundación

冰
el hielo

一月
enero

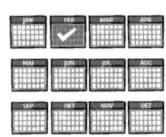

二月
febrero

三月
marzo

四月
abril

五月
mayo

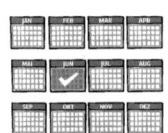

六月
junio

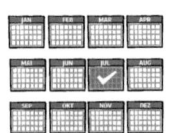

七月
julio

八月
agosto

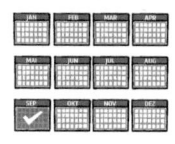

九月

septiembre

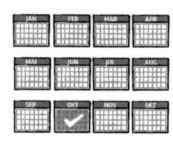

十月

octubre

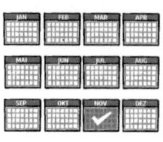

十一月

noviembre

十二月

diciembre

# 形状
# las formas

圆形

el círculo

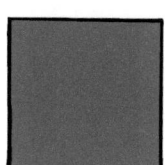

正方形

el cuadrado

长方形

el rectángulo

三角形

el triángulo

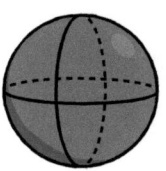

球体

la esfera

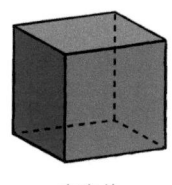

立方体

el cubo

白
blanco

黄
amarillo

橙
anaranjado

粉
rosa

红
rojo

紫
morado

蓝
azul

绿
verde

棕
marrón

灰
gris

黑
negro

很多/少许

mucho / poco

生气/平静

enojado / tranquilo

美/丑

bonito / feo

首/尾

principio / fin

大/小

grande / pequeño

明/暗

claro / oscuro

兄弟/姐妹

el hermano / la hermana

干净/肮脏

limpio / sucio

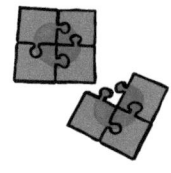

完整/缺失

completo / incompleto

白天/晚上

el día / la noche

死/生

muerto / vivo

宽/窄

ancho / estrecho

可食用/非食用

comestible / no comestible

邪恶/善良

malo / amable

兴奋/无聊

entusiasmado / aburrido

胖/瘦

gordo / delgado

第一/最后

primero / último

朋友/敌人

el amigo / el enemigo

满/空

lleno / vacío

硬/软

duro / blando

重/轻

pesado / ligero

饿/渴

el hambre / la sed

生病/健康

enfermo / sano

非法/合法

ilegal / legal

聪明/愚笨

inteligente / tonto

左/右

izquierda / derecha

近/远

cerca / lejos

新/旧

nuevo / usado

没有/有些

nada / algo

老/幼

viejo / joven

开/关

encendido / apagado

打开/合上

abierto / cerrado

安静/吵闹

silencioso / ruidoso

富/穷

rico / pobre

对/错

correcto / incorrecto

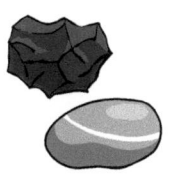

粗糙/光滑

áspero / suave

伤心/高兴

triste / contento

短/长

corto / largo

慢/快

lento / rápido

湿/干

húmedo / seco

温暖/凉爽

cálido / frío

战争/和平

guerra / paz

反义词 - los opuestos

# los números

| | | |
|:---:|:---:|:---:|
| **0** | **1** | **2** |
| 零 | 一 | 二 |
| cero | uno | dos |
| **3** | **4** | **5** |
| 三 | 四 | 五 |
| tres | cuatro | cinco |
| **6** | **7** | **8** |
| 六 | 七 | 八 |
| seis | siete | ocho |
| **9** | **10** | **11** |
| 九 | 十 | 十一 |
| nueve | diez | once |

## 12
十二
doce

## 13
十三
trece

## 14
十四
catorce

## 15
十五
quince

## 16
十六
dieciséis

## 17
十七
diecisiete

## 18
十八
dieciocho

## 19
十九
diecinueve

## 20
二十
veinte

## 100
百
cien

## 1.000
千
mil

## 1.000.000
百万
el millón

# 语言

## los idiomas

英语

el inglés

美式英语

el inglés americano

普通话

el chino madarín

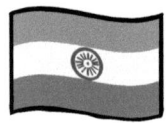

印地语

el hindi

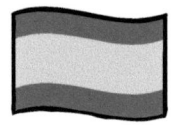

西班牙语

el español

法语

el francés

阿拉伯语

el árabe

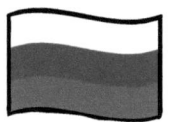

俄语

el ruso

葡萄牙语

el portugués

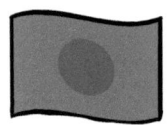

孟加拉语

el bengalí

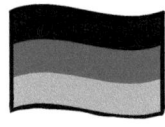

德语

el alemán

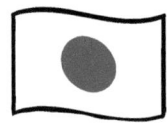

日语

el japonés

我
yo

你
tú

他/她/它
él / ella / ello

我们
nosotros/as

你们
vosotros/as

他们
ellos/as

谁？
¿quién?

什么？
¿qué?

怎样？
¿cómo?

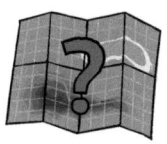

哪里？
¿dónde?

什么时候？
¿cuándo?

名字
el nombre

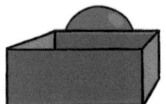

后面

detrás

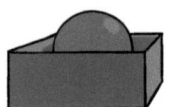

里面

en

前面

delante de

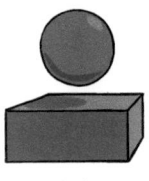

上方

por encima de

上面

sobre

下面

debajo de

旁边

junto a

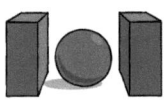

中间

entre

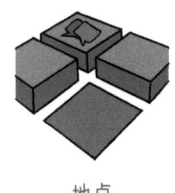

地点

el lugar

ISBN    978-3-7522-3615-6

9783752236156

**BABADADA** dictionaries are visual language education:
Simple learning takes center stage. In a BABADADA dictionary images and language merge into a unit that is easy to learn and remember. Each book contains over 1000 black-and-white illustrations. The goal is to learn the basics of a language much faster and with more fun than possible with a complicated text dictionary.

This book is based on the very successful online picture dictionary **BABADADA.COM**, which offers easy language entry for countless language combinations - Used by thousands of people and approved by well-known institutions.

ISBN    978-3-7522-3456-5

9 783752 234565

**BABADADA** dictionaries are visual language education: Simple learning takes center stage. In a BABADADA dictionary images and language merge into a unit that is easy to learn and remember. Each book contains over 1000 black-and-white illustrations. The goal is to learn the basics of a language much faster and with more fun than possible with a complicated text dictionary.

This book is based on the very successful online picture dictionary **BABADADA.COM**, which offers easy language entry for countless language combinations - Used by thousands of people and approved by well-known institutions.

**Disclaimer**

**Notice**

Daal

luginë

Barg

kodër

See

liqen

Holt

pyll

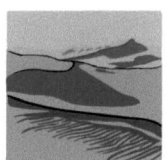

Wööst

shkretëtirë

Füerspien Barg

vullkan

Slott

kështjellë

Regenbagen

ylber

Poggenstohl

kepudhë

Palm

palmë

Steekmück

mushkonjë

Fleeg

mizë

Miegeemk

milingonë

Imm

bletë

Spinn

merimangë

Sebber

brumbull

Pogg

bretkosë

Katteker

ketër

Swienegel

iriq

Haas

lepur

Uul

buf

Vagel

zog

Swaan

mjellmë

Wildswien

derr i egër

Hirsch

dre

Elk

dre brilopatë

Staudamm

digë

Windrad

turbinë ere

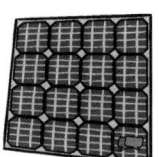

Solarmodul

panel diellor

Klima

klimë

# Spieslokal

## restorant

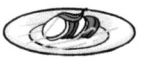

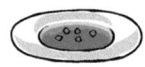

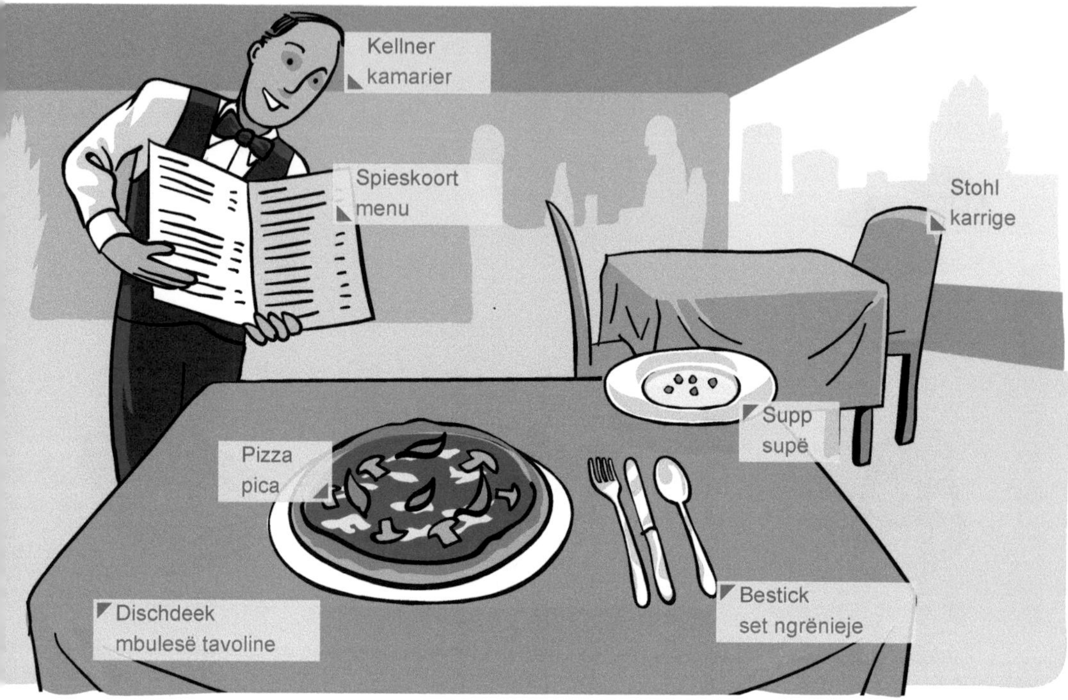
Kellner
kamarier
Spieskoort
menu
Stohl
karrige
Supp
supë
Pizza
pica
Bestick
set ngrënieje
Dischdeek
mbulesë tavoline

Vörspies

pjatë e parë

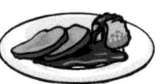

Haupteten

pjatë kryesore

Nadisch

ëmbëlsirë

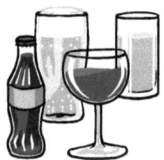

Drünk

pije

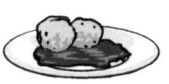

Eten

ushqim

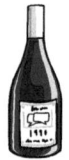

Buddel

shishe

Fastfood

ushqim i shpejtë

Strateneten

ushqim i shërbyer në rrugë

Teekann

ibrik çaji

Zuckerdoos

kuti sheqeri

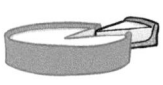

Portschoon

racion

Espressomaschien

makinë kafeje ekspres

Hoochstohl

karrige e lartë

Reken

faturë

Tablett

tabaka

Mess

thika

Gavel

pirun

Lepel

lugë

Teelepel

lugë çaji

Munddook

pecetë

Glas

gotë

Töller

pjatë

Suppentöller

pjatë supe

Ünnertass

pjatë filxhani

Sooß

salcë

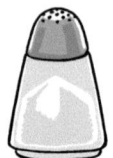

Soltstreuer

mbajtëse kripe

Pepermöhl

mulli piperi

Etig

uthull

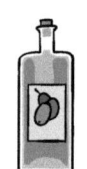

Ööl

vaj

Krüder

erëza

Ketchup

keçap

Mostrich

mustardë

Mayonnaise

majonezë

# Supermarkt
# supermarket

Anbott
ofertë speciale
FOR
Kunn
klient
Melkprodukten
produkte bulmeti
Aaft
frut
Inkoopswagen
karrocë pazari


BUTCHERS


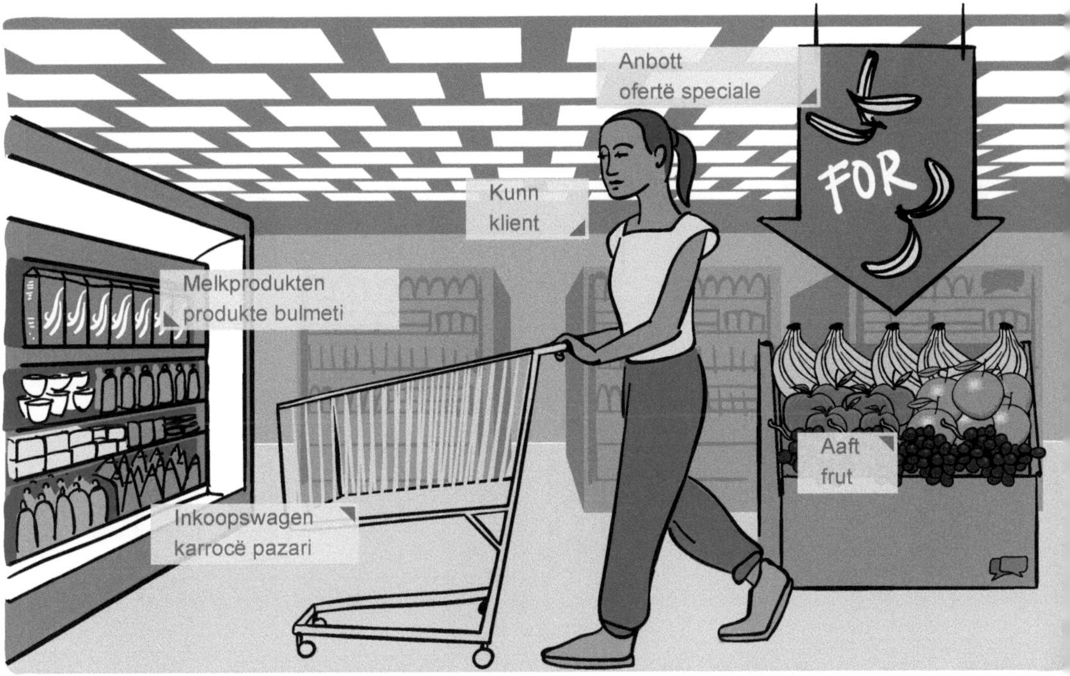

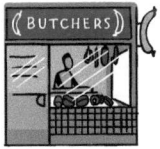

Slachterie

dyqan mishi

BAKERY


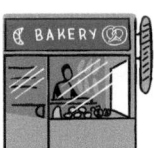

Bäckerie

furrë buke

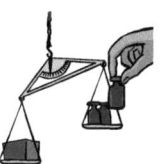

wegen

peshoj

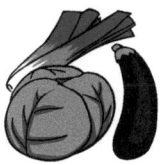

Gröönsaken

perime

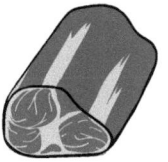

Fleesch

mish

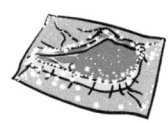

Deepköhlkost

ushqim i ngrirë

Opsnitt

copë

Konserven

ushqim i konservuar

Waschmiddel

pluhur larës

Snoopkraam

ëmbëlsirat

Huushooltssaken

prodhime shtëpie

Reinmaaktüüch

produkte pastrimi

Verköpersche

shitëse

Kass

kasë fiskale

Kasserer

arkëtar

Inkoopslist

listë blerjeje

Opsparrtieden

oraret e punës

Breeftasch

portofol

Kreditkoort

kartë krediti

Tasch

çantë

Plastiktüüt

qese plastike

Water

ujë

Saft

lëng frutash

Melk

qumësht

Cola

koka-kola

Wien

verë

Beer

birrë

Spriet

alkool

Kakao

kakao

Tee

çaj

Koffie

kafe

Espresso

kafe ekspres

Cappucino

kapuçino

Banaan

banane

Appel

mollë

Appelsien

portokalle

Meloon

pjepër

Zitroon

limon

Wöttel

karrotë

Knuuvlook

hudhër

Bambus

bambu

Zibbel

qepë

Poggenstohl

kërpudha

Nööt

arra

Nudeln

makarona

Spaghetti

spageti

Ries

oriz

Salat

sallatë

Pommes frites

patate të skuqura

Braadkantüffeln

patate të skuqura

Pizza

pica

Hamborger

hamburger

Sandwich

sanduiç

Snitzel

shnicel

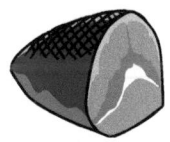

Schinken

proshutë

Salami

sallam

Wust

salçiçe

Hohn

pulë

Braden

skuq

Fisch

peshk

Haverflocken

tërshërë

Müsli

drithëra

Cornflakes

kornfleiks

Mehl

miell

Croissant

kruasant

Rundstück

panine

Broot

bukë

Toast

tost

Keksen

biskotë

Botter

gjalp

Quark

gjizë

Koken

tortë

Ei

vezë

Spegelei

vezë sy

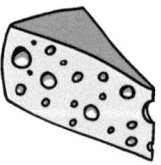

Kees

djathë

Ies

akullore

Zucker

sheqer

Honnig

mjaltë

Marmelaad

marmaladë

Nougat-Creme

çokokrem

Curry

këri

# Buernhoff
## fermë

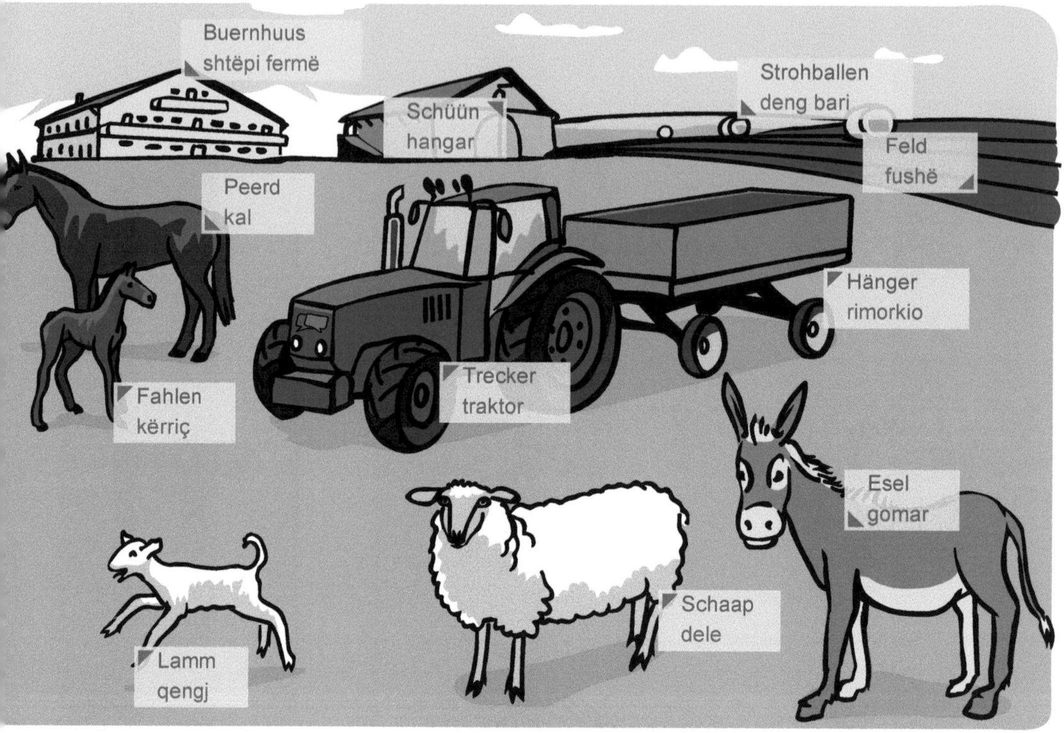

Buernhuus
shtëpi fermë
Strohballen
deng bari
Schüün
hangar
Feld
fushë
Peerd
kal
Hänger
rimorkio
Trecker
traktor
Fahlen
kërriç
Esel
gomar
Schaap
dele
Lamm
qengj


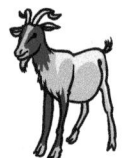

Zeeg

dhi

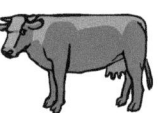

Koh

lopë

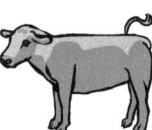

Kalf

viç

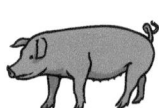

Swien

derr

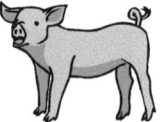

Farken

derrkuc

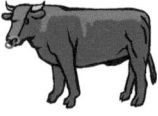

Bull

dem

Goos

patë

Aant

rosë

Küken

zog pule

Hohn

pulë

Hahn

gjel

Rott

mi

Katt

mace

Muus

mi

Oss

buall

Hund

qen

Hunnenhütt

kolibe qeni

Goornslauch

zorrë vaditëse

Geetkann

vaditëse

Lee

kosë

Ploog

plug

Sich
.................
drapër

Hack
.................
shat

Mestfork
.................
kosa

Ext
.................
sëpatë

Schuufkoor
.................
karrocë

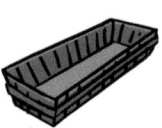

Trog
.................
govatë

Melkkann
.................
bidon qumështi

Sack
.................
thes

Tuun
.................
gardh

Stall
.................
ahur

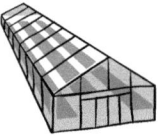

Drievhuus
.................
serë

Bodden
.................
dhe

Saat
.................
farë

Dünger
.................
pleh

Meihdöscher
.................
autokombanjë

oornen

korr

Oorn

te korrat

Yamswöttel

patate e ëmbël "Yam"

Weten

grurë

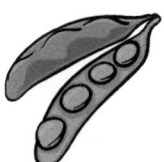

Soja

soja

Kantüffel

patate

Törksche Weten

misër

Rapp

raps

Aaftboom

pemë frutore

Troopsch Kantüffel

zhardhok manioku

Koorn

drithëra

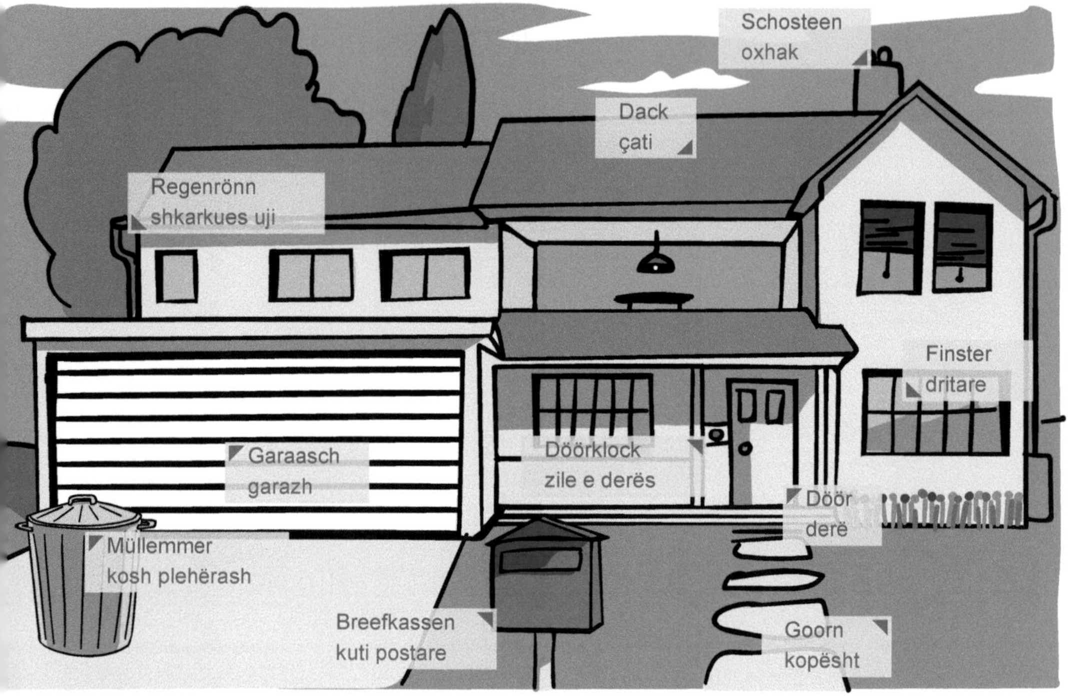

Schosteen
oxhak

Dack
çati

Regenrönn
shkarkues uji

Finster
dritare

Garaasch
garazh

Döörklock
zile e derës

Döör
derë

Müllemmer
kosh plehërash

Breefkassen
kuti postare

Goorn
kopësht

Wahnstuuv

dhomë ndenjeje

Baadstuuv

tualet

Köök

kuzhinë

Slaapstuuv

dhomë gjumi

Kinnerstuuv

dhomë fëmijësh

Eetstuuv

dhomë ngrënieje

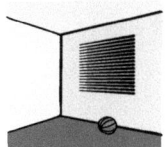

Footbodden

dysheme

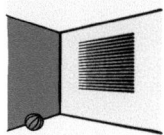

Wand

mur

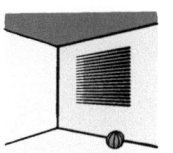

Deek

tavan

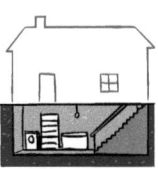

Keller

bodrum

Hittluftbad

sauna

Balkon

ballkon

Terrass

tarracë

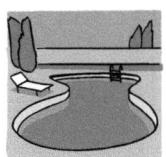

Swümmbad

pishinë

Rasenmeiher

kositëse bari

Bettbetog

çarçaf

Bettdeek

kuvertë

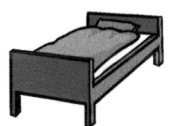

Puuch

krevat

Bessen

fshesë dore

Emmer

kovë

Schalter

çelës

# Wahnstuuv

## dhomë ndenjeje

Tapeet
tapiceri
Bild
fotografi
Lamp
llambë
Regal
raft
Schapp
dollap
Kiekkassen
pajisje televizive
Kamin
vatër
Bloom
lule
Küssen
jastëk
Sofa
divan
Vaas
vazo
Feernbedenen
telekomandë

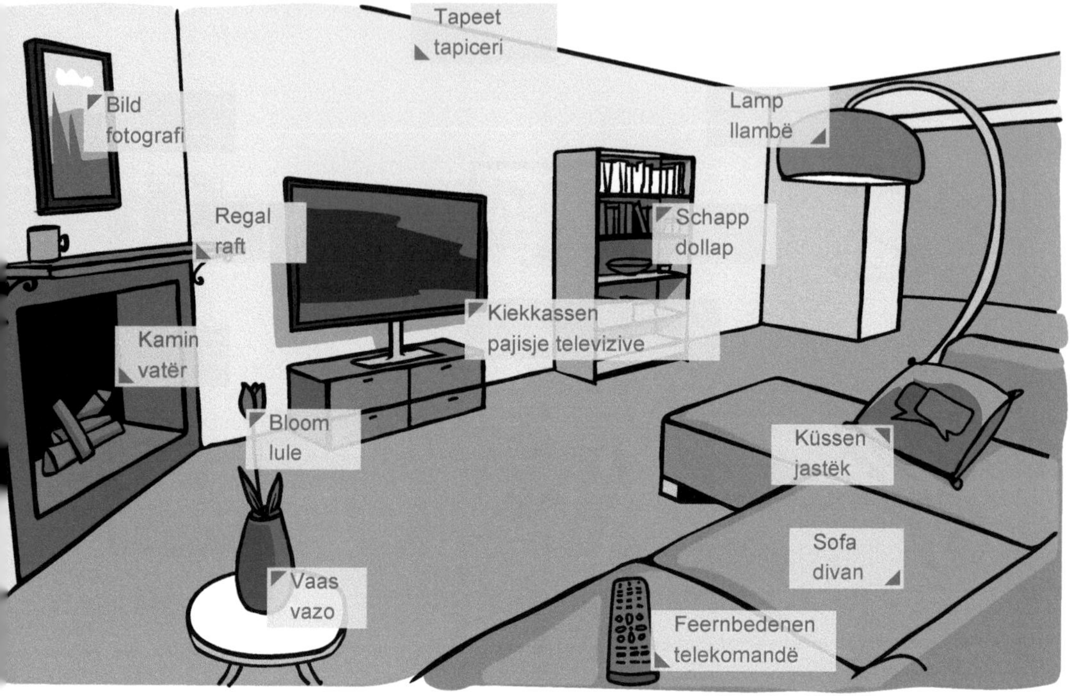

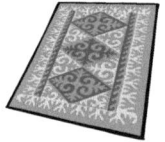

Teppich

qilim

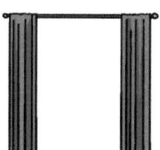

Vörhang

perde

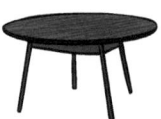

Disch

tavolinë

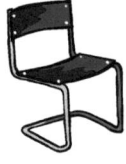

Stohl

karrige

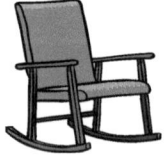

Schuckelstohl

karrige lëkundëse

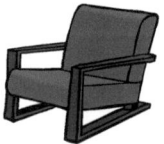

Sessel

kolltuk

Book

libri

Deek

batanije

Dekoratschoon

zbukurime

Füerholt

dru zjarri

Film

film

Stereoanlaag

stereo

Slötel

çelës

Narichtenblatt

gazetë

Gemälde

pikturë

Poster

afishe

Radio

radio

Opschrievblock

bllok shënimesh

Huulbessen

fshesë me korent

Kaktus

kaktus

Kars

qiri

# Köök
## kuzhinë

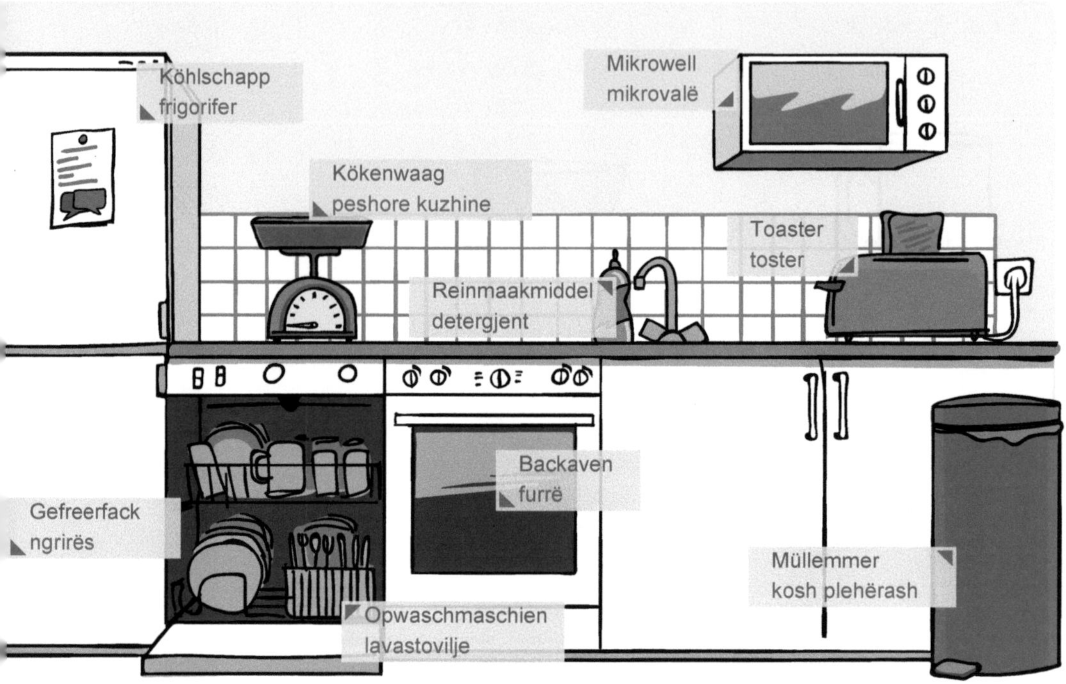

Köhlschapp
frigorifer
Mikrowell
mikrovalë
Kökenwaag
peshore kuzhine
Toaster
toster
Reinmaakmiddel
detergjent
Backaven
furrë
Gefreerfack
ngrirës
Müllemmer
kosh plehërash
Opwaschmaschien
lavastovilje


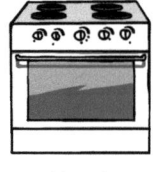

Heerd

sobë

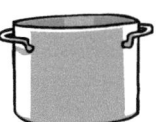

Pott

tenxhere

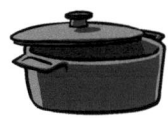

Gussiesern Putt

tenxhere me kapak

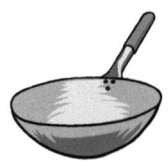

Wok / Kadai

tigan special (Wok)

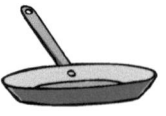

Pann

tigan

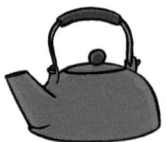

Waterkaker

çajnik

Dampkaakputt

tenxhere me avull

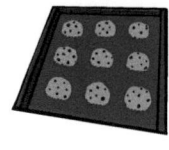

Backblick

tavë pjekjeje

Geschirr

enë

Beker

filxhan

Schaal

tas

Eetsticken

shkopinj

Suppenkell

garuzhde

Pannenwenner

spatul

Sneebessen

tel kuzhine

Kaakseef

kulluese

Seef

sitë

Riev

rende

Mörser

havan

Grill

skarë

Füerstell

zjarr

**Sniedbrett**

dërrasë për prerje

**Nudelholt**

okllai

**Proppentrecker**

heqëse tapash

**Doos**

kanaçe

**Dosenaapner**

hapëse kanaçeje

**Pottlappen**

rrobë për të kapur
tenxheren

**Waschbecken**

lavaman

**Böst**

furçë

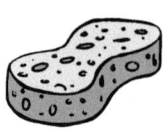

**Swamm**

sfungjer

**Mixer**

përzjerës

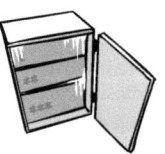

**Iesschapp**

ngrirës

**Nuckelbuddel**

biberon për lëngje

**Waterhahn**

rubinet

# Baadstuuv
## tualet

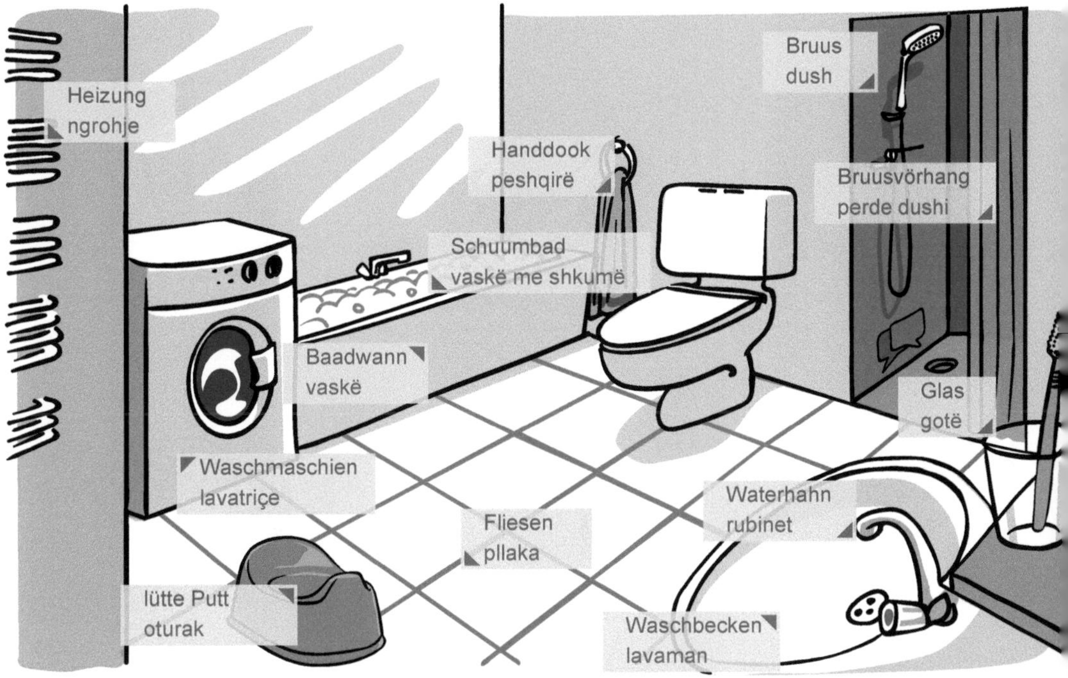

Heizung
ngrohje
Bruus
dush
Handdook
peshqirë
Bruusvörhang
perde dushi
Schuumbad
vaskë me shkumë
Baadwann
vaskë
Glas
gotë
Waschmaschien
lavatriçe
Waterhahn
rubinet
Fliesen
pllaka
lütte Putt
oturak
Waschbecken
lavaman


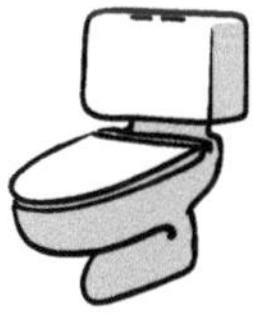

Tante Meier

tualet

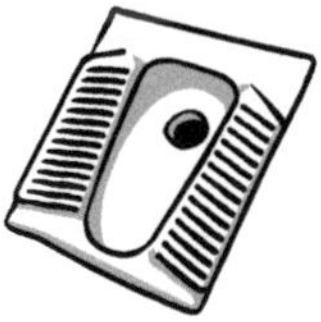

Hockklo

WC e sheshtë

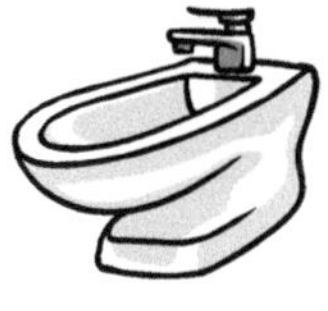

Bidet

bide

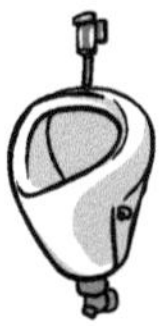

Miegbecken

tualet publik

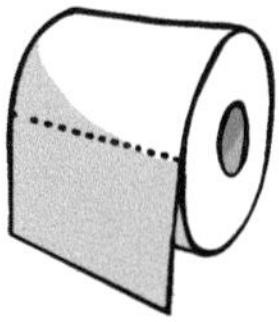

Klopapeer

letër higjienike

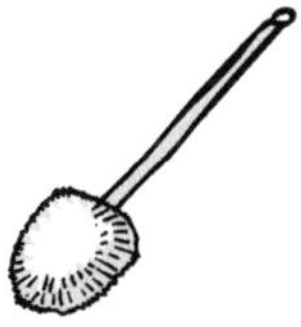

Klobööst

furçe për WC

Tähnböst

furçë dhëmbësh

Tähnpast

pastë dhëmbësh

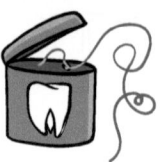

Tähnsied

fije dentare

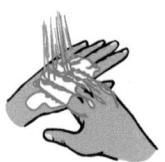

waschen

laj

Handbruus

dorezë dushi

Intimbruus

larës për zonën intime

Waschschöttel

legen

Rüchböst

furçë për masazh shpine

Seep

sapun

Bruusgeel

shampo trupi

Hoorwaschmiddel

shampo

Waschlappen

leckë pastruese

Afloop

kullues

Creme

krem

Deodorant

antidjersë

Spegel

pasqyrë

Kosmetikspegel

pasqyrë dore

Raserer

brisk rroje

Raseerschuum

shkumë rroje

Raseerwater

locion pas rrojes

Kamm

krehër

Böst

furçë

Hoordröger

tharëse flokësh

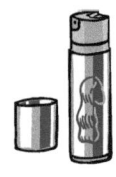

Hoorspray

llak për flokët

Smink

grim

Lippensticken

buzëkuq

Nagellack

manikyr

Watt

mbushje pambuku

Nagelscheer

gërshërë për thonj

Rüükwater

parfum

Kulturbüdel

çantë për sendet personale

Schemel

Stol

Waag

peshore

Baadmantel

robëdëshambër

Gummihanschen

dorashka gome

Tampon

tampon

Damenbinn

peceta higjienike

Chemieklo

tualet I lëvizshëm

# Kinnerstuuv

# dhomë fëmijësh

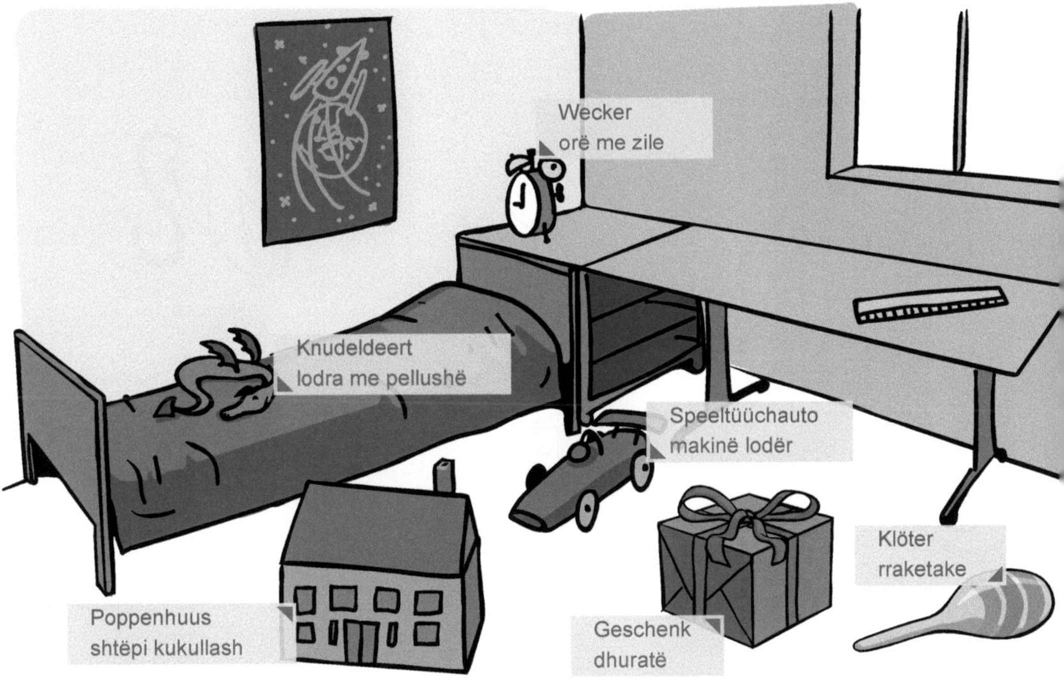
Wecker
orë me zile
Knudeldeert
lodra me pellushë
Speeltüüchauto
makinë lodër
Klöter
rraketake
Poppenhuus
shtëpi kukullash
Geschenk
dhuratë

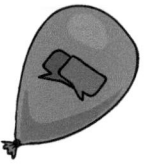

Luftballon

tollumbace

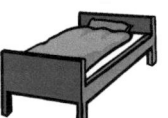

Puuch

krevat

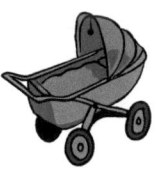

Kinnerwagen

karrocë fëmijësh

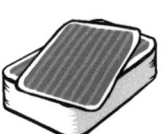

Koortenspeel

lojë me letra

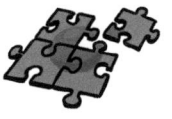

Puzzle

bashkim pjesësh me figura

SUPER MEGA

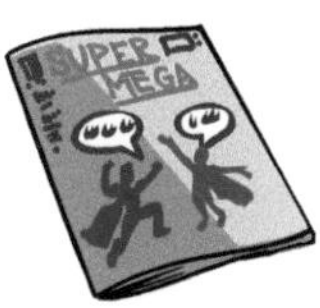

Billergeschicht

komik

Legostenen

formuese lodër

Bustenen

kuba plastikë

Action-Figur

lodra

Strampelantog

badi

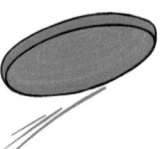

Frisbeeschiev

frizbi

Mobile

lodra të varura tek krevati i fëmijëve

Brettspeel

tavolinë lojërash

Wörpel

zare

Modelliesenbahn

model treni

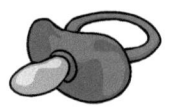

Snuller

biberon

Party

festë

Billerbook

libër me ilustrime

Ball

top

Popp

kukull

spelen

luaj

Sandkassen

grumbull rëre

Schuckel

kolovarëse

Speeltüüch

lodra

Speelkonsool

leva për lojra video

Dreerad

triçikël

Teddyboor

arush prej pellushi

Klederschapp

garderobë

# Tüüch

## veshje

Socken

çorape

Strümp

çorape të gjata

Strumpbüx

geta

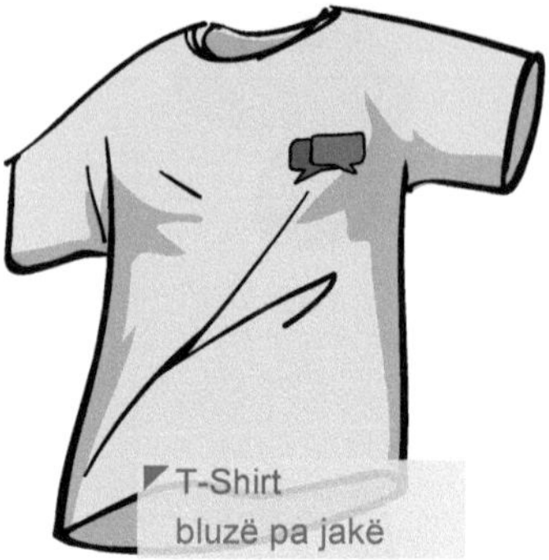

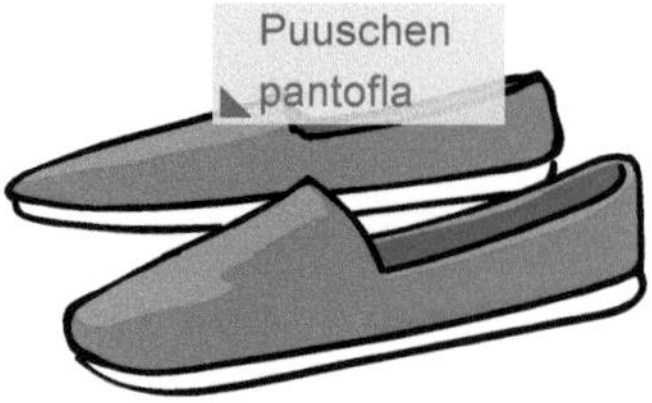

Halsdook
shall

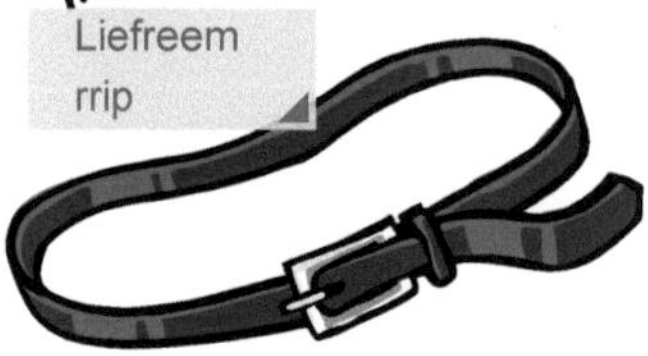

Paraplü
çadër

T-Shirt
bluzë pa jakë

Liefreem
rrip

Stevel
çizme

Puuschen
pantofla

Turnschoh
atlete

Sandalen
················
sandale

Schoh
················
këpucë

Gummistevel
················
çizme llastiku

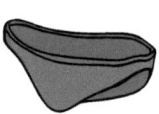

Ünnerbüx
················
të mbathura

Bostholler
················
reçipeta

Ünnerhemd
················
kanotierë

Lief

trup

Büx

pantallona

Jeansnüx

xhinse

Rock

fund

Bluus

bluzë

Hemd

këmishë

Pullover

pulovër

Kapuzenpullover

triko

Blazer

xhaketë

Jack

xhaketë

Mantel

pallto

Övertrecker

mushama shiu

Kostüm

kostum

Kleed

fustan

Hochtietskleed

fustan nusërie

Antog

kostum

Nachtkleed

këmishë nate

Slaapantog

pizhama

Sari

sari (veshje tradicionale indiane)

Koppdook

shami koke

Turban

çallmë

Burka

veshje për femrat e besimit musliman

Kaftan

kaftan (lloj veshjeje tradicionale)

Abaya

ferexhe

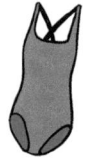

Baadantog

kostum banje

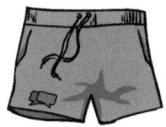

Baadbüx

rroba banje

Korte Büx

pantallona të shkurtra

Antog to'n Öven

tuta sporti

Schört

përparëse

Handschoh

dorashka

Knopp

kopsë

Brill

syze

Armband

byzylyk

Halskeed

gjerdan

Ring

unazë

Ohrbummel

vath

Mütz

kapuç

Klederbögel

varëse për pallto

Hoot

kapele

Binner

kravatë

Rietslüter

zinxhir

Helm

helmetë

Drachtband

tiranda

Schooluniform

uniformë shkolle

Uniform

uniformë

Severböten
.................
gushore

Snuller
.................
biberon

Winnel
.................
pelenë

## Büro

## zyrë

Server
server

Aktenschapp
skedar

Drucker
printer

Bildschirm
ekran

Papeer
letër

Schrievdisch
tavolinë

Muus
maus

Orner
dosje

Knoopboord
tastierë

Papeerkorf
kosh letrash

Computer
kompjuter

Stohl
karrige

Koffiebeker
.................
filxhan kafeje

Taschenreekner
.................
makinë llogaritëse

Internet
.................
internet

Klappreekner

kompjuter portativ

Breef

letër

Naricht

mesazh

Ackersnacker

telefon

Nettwark

rrjet

Kopeerapparat

fotokopje

Software

program

Klöönkassen

telefon

Steekdoos

prizë

Faxapparat

pajisje faksi

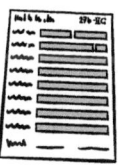

Formulor

formular

Dokument

dokument

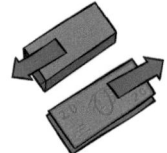

köpen

blej

betahlen

paguaj

hanneln

tregtoj

Geld

para

Dollar

dollar

Euro

euro

Yen

jen

Ruvel

rubla

Swiezer Franken

franga zvicerane

Renminbi Yuan

juani kinez

Rupie

rupje

Geldautomat

bankomat

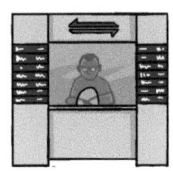

Wesselstuuv

pikë këmbimi valutor

Gold

ar

Sülver

argjend

Ööl

nafta

Energie

energji

Pries

çmim

Verdrag

kontratë

Stüer

taksë

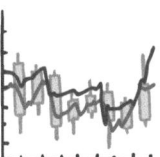

Andeelschien

aksione

arbeiden

punoj

Anstellte

punonjës

Arbeitgever

punëdhënës

Fabrik

fabrikë

Hökerie

dyqan

# Profeschonen
## profesionet

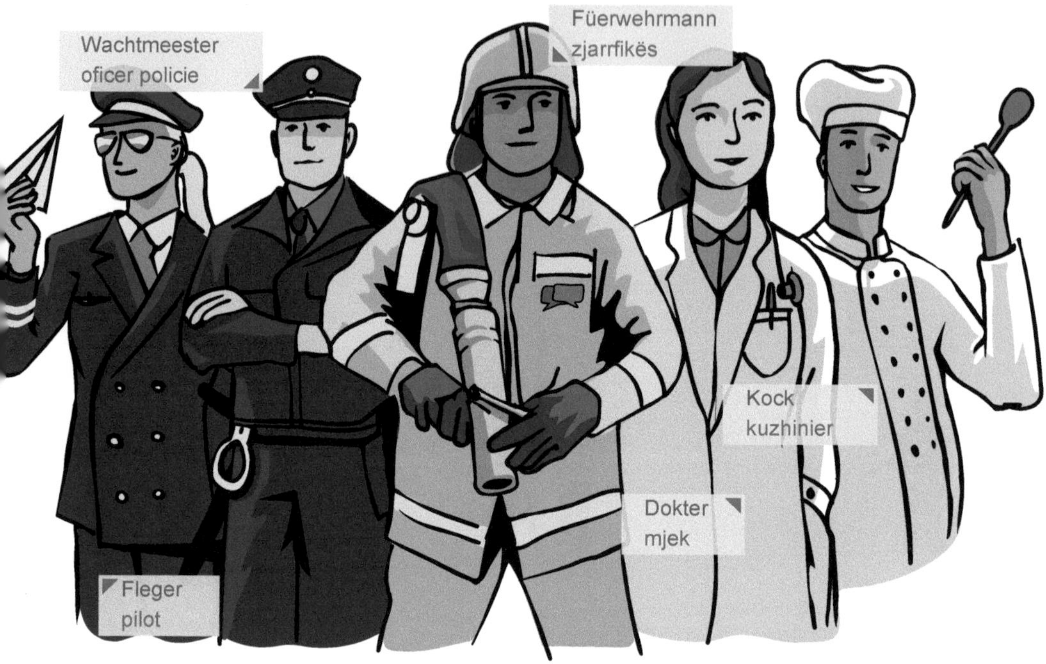
Wachtmeester
oficer policie
Füerwehrmann
zjarrfikës
Kock
kuzhinier
Dokter
mjek
Fleger
pilot

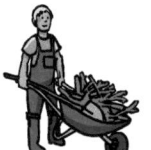

Goorner
kopshtar

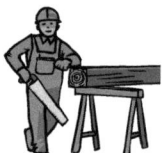

Discher
marangoz

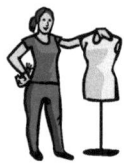

Neihersche
rrobaqepëse

Richter
gjykatës

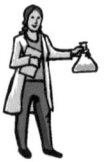

Chemiker
kimist

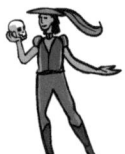

Schauspeler
aktor

**Busfohrer**

shofer autobuzi

**Taxifohrer**

taksist

**Fischer**

peshkatar

**Reinmaakfru**

pastruese

**Dackdecker**

riparues çatish

**Kellner**

kamarier

**Jäger**

gjuetar

**Maler**

piktor

**Bäcker**

furrxhi

**Elektriker**

elektriçist

**Buarbeider**

ndërtues

**Ingenieur**

inxhinier

**Slachter**

kasap

**Klempner**

hidraulik

**Postbüdel**

postieri

Profeschonen - profesionet

Suldat

ushtar

Architekt

arkitekt

Kasserer

arkëtar

Florist

luleshitës

Putzbüdel

berber

Schaffner

kontrollor

Mechaniker

mekanik

Kaptein

kapiten

Tähndokter

dentist

Wetenschopler

shkencëtar

Rabbi

rabin

Imam

imam

Mönk

murg

Paap

klerik

# Warktüüch
## mjete

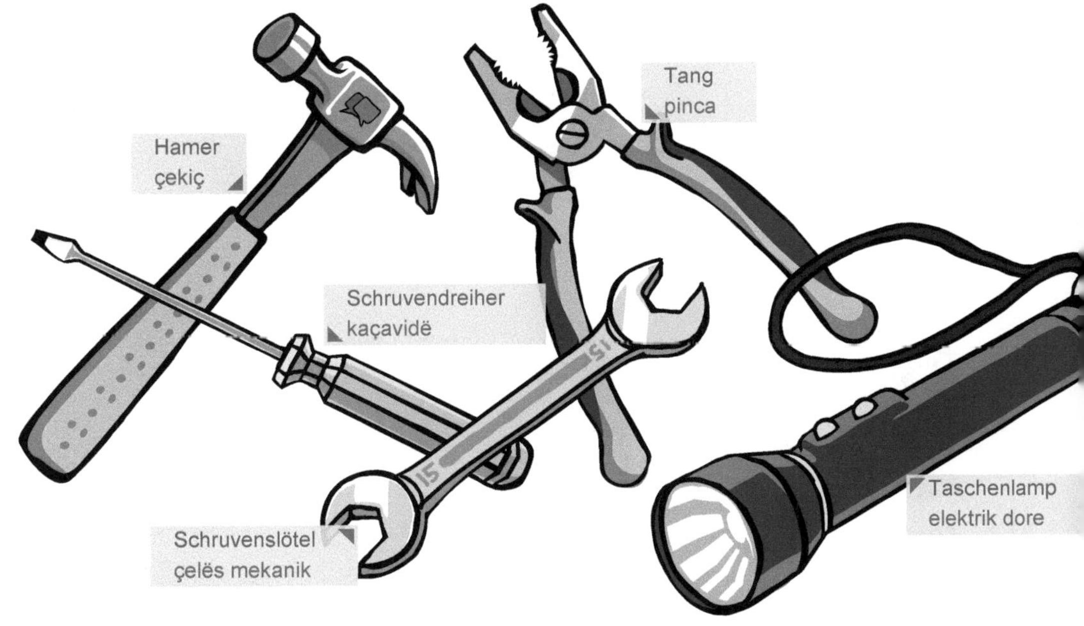
Tang
pinca
Hamer
çekiç
Schruvendreiher
kaçavidë
Taschenlamp
elektrik dore
Schruvenslötel
çelës mekanik

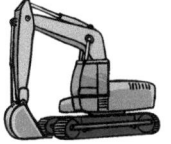

Grieper

ekskavator

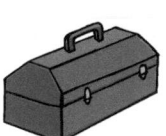

Warktüüchkassen

kuti veglash

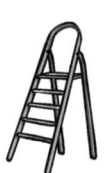

Ledder

shkallë

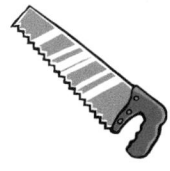

Saag

sharrë

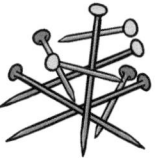

Nagels

gozhdë

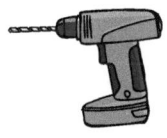

Bohrer

trapan

heelmaken
riparoj

Schüffel
lopatë

Schiet!
Dreq!

Kehrblick
kaci

Farvpott
kuti boje

Schruven
vidhë

## Musikinstrumenten
## instrumenta muzikorë

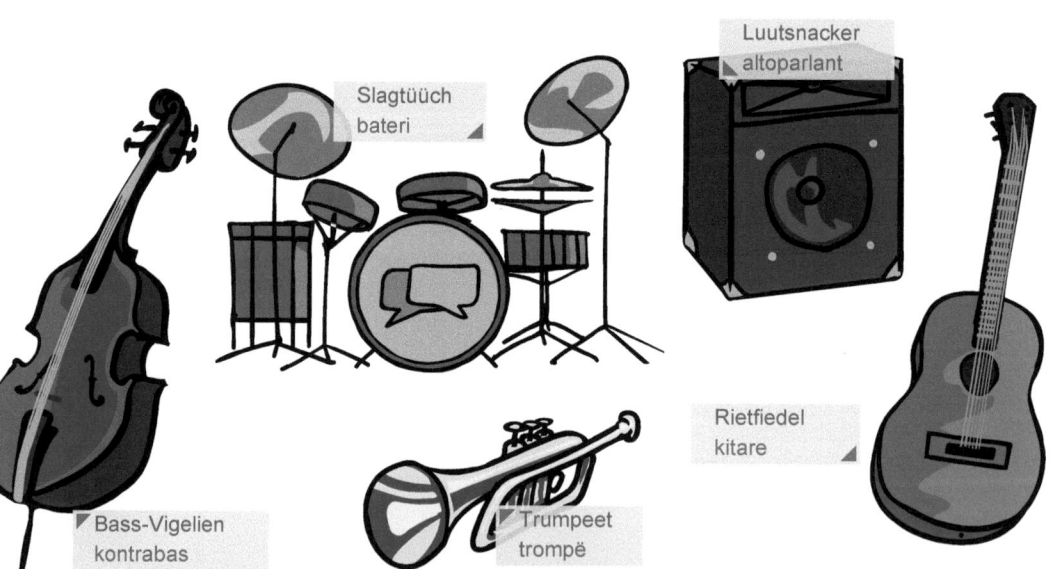

Slagtüüch
bateri

Luutsnacker
altoparlant

Rietfiedel
kitare

Bass-Vigelien
kontrabas

Trumpeet
trompë

Klaveer

piano

Vigelien

violinë

Bass

bas

Pauk

tamburë

Trummeln

daulle

Keyboard

tastierë pianoje

Saxophon

saksofon

Fleut

flaut

Mikrofoon

mikrofon

# Deertenpark

# kopsht zoologjik

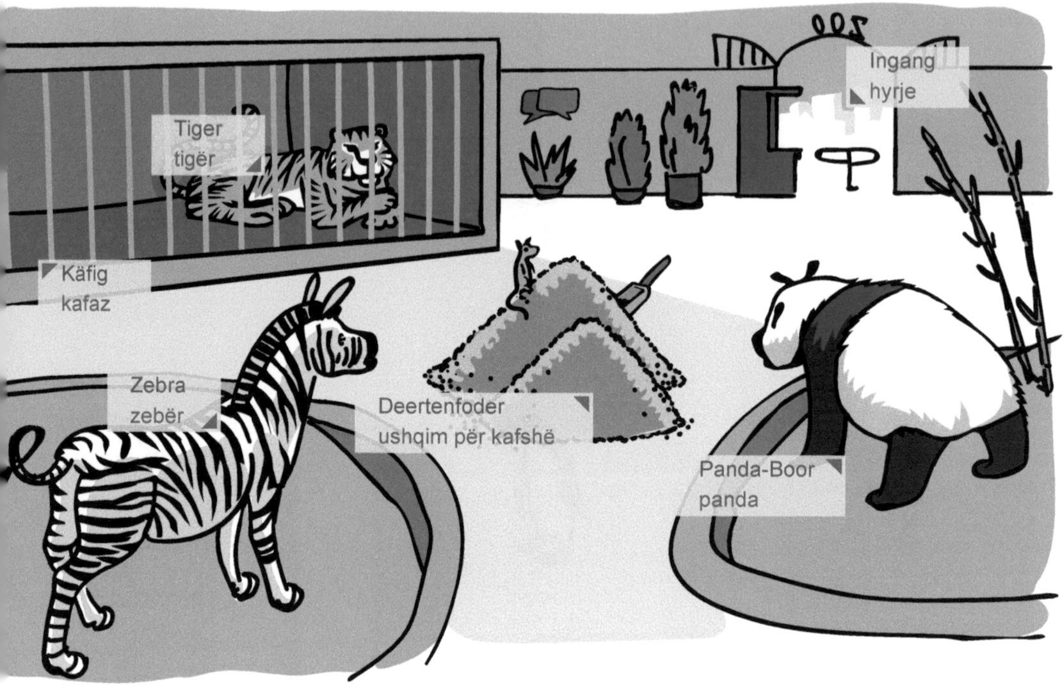

zoo
Ingang
hyrje
Tiger
tigër
Käfig
kafaz
Zebra
zebër
Deertenfoder
ushqim për kafshë
Panda-Boor
panda


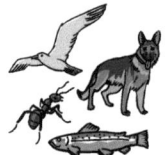

Deerten

kafshë

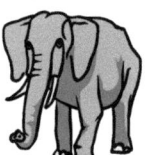

Elefant

elefant

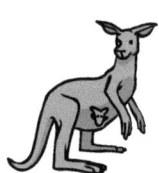

Känguru

kangur

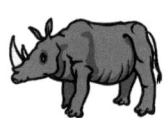

Neeshoorn

rinoceront

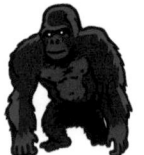

Gorilla

gorillë

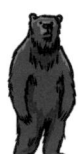

Boor

ari

Kameel

deve

Struuß

struc

Lööv

luan

Aap

majmun

Flamingo

flamingo

Papagoi

papagall

Iesboor

ari polar

Pinguin

pinguin

Haifisch

peshkaqen

Pageluun

pallua

Slang

gjarpër

Krokodil

krokodil

Oppasser in'n Deertenpark

punonjës i kopshtit zoologjik

Saalhund

fokë

Jaguor

xhaguar

Pony

poni

Leopard

leopard

Nilpeerd

hipopotam

Giraff

gjirafë

Aadler

shqiponjë

Wildswien

derr i egër

Fisch

peshk

Schildkrööt

breshkë

Walross

lopë deti

Voss

dhelpër

Gazell

gazelë

Amerikaansch Football
futboll amerikan

Radfohren
çiklizëm

Tennis
tenis

Korfball
basketboll

Swümmen
not

leshockey
hokej mbi akull

Boxen
boks

Football
futboll

Fedderball
badminton

Leichtathletik
atletikë

Handball
hendboll

Skilopen
ski

Polo
polo

# Aktivitäten
## aktivitet

springen
hidhem
ümarmen
përqafoj
lachen
qesh
gahn
eci
singen
këndoj
drömen
ëndërroj
beden
lutem
snuteln
puth


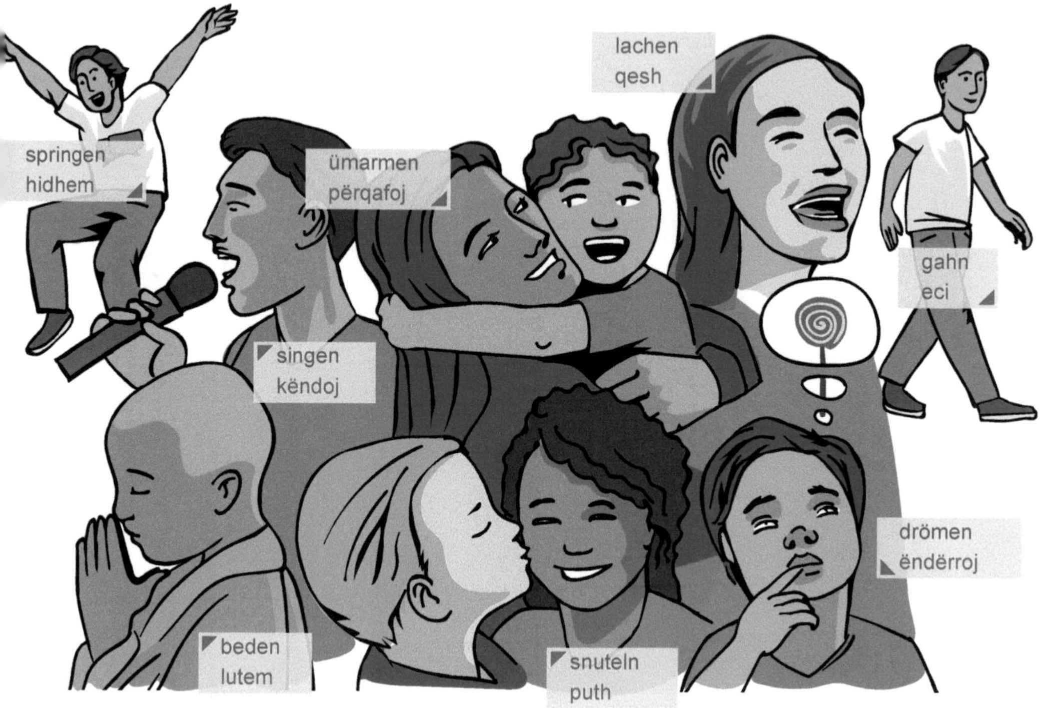

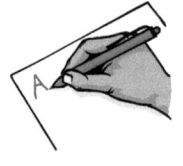

schrieven
shkruaj

teken
vizatoj

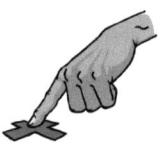

wiesen
tregoj

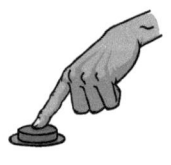

drücken
shtyj

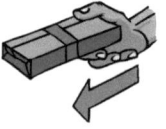

geven
jap

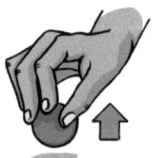

nehmen
marr

hebben
kam

doon
bëj

sien
jam

stahn
qëndroj

lopen
vrapoj

trecken
tërheq

smieten
hedh

fallen
bie

liggen
shtrihem

töven
pres

dregen
mbaj

sitten
ulem

antrecken
vishem

slapen
fle

opwaken
zgjohem

ankieken

shikoj

wenen

qaj

eien

përkëdhel

kämmen

kreh

snacken

bisedoj

verstahn

kuptoj

fragen

kërkoj

hören

dëgjoj

drinken

pi

eten

ha

oprümen

sistemoj

leefhebben

dashuroj

kaken

gatuaj

fohren

drejtoj makinën

flegen

fluturoj

segeln

lundroj

reken

llogaris

lesen

lexoj

lehren

mësoj

arbeiden

punoj

de Plünnen tohoopsmieten

martohem

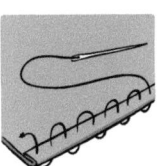

neihen

qep

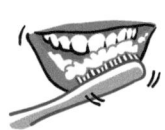

Tähnen putzen

laj dhëmbët

dootmaken

vras

smöken

tymos

schicken

dërgoj

Aktivitäten - aktivitet

Grootmoder
gjyshe

Grootvadder
gjysh

Vadder
baba

Moder
nënë

Winnelkind
bebe

Dochter
vajzë

Söhn
djalë

Gast

mysafir

Tant

teze, hallë

Unkel

dajë, xhaxha

Broder

vëlla

Süster

motër

# Lief
## trupi

Vörkopp
balli
Oog
syri
Schuller
shpatulla
Finger
gishti
Gesicht
fytyra
Kinn
mjekra
Hand
dora
Bost
krahërori
Been
këmba
Arm
krahu

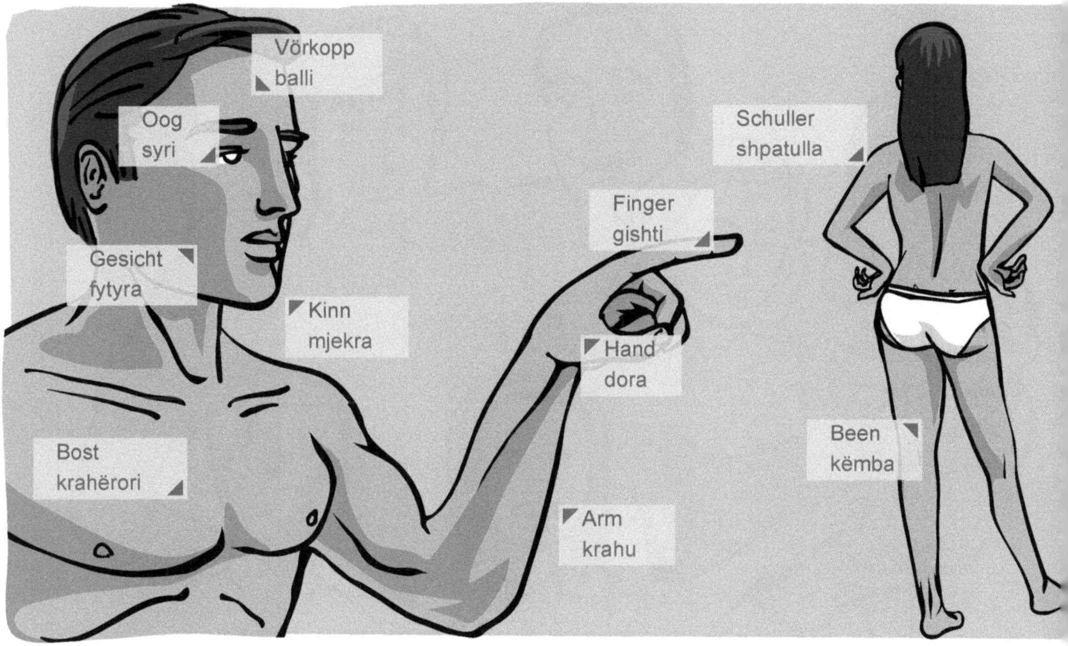

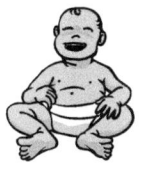

Winnelkind

bebe

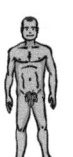

Mann

burrë

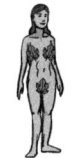

Fro

grua

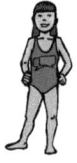

Deern

vajzë

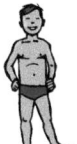

Jung

djalë

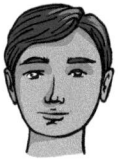

Arm

koka

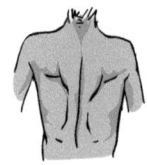

**Rüch**

shpina

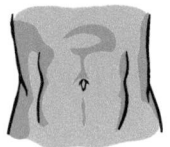

**Buuk**

barku

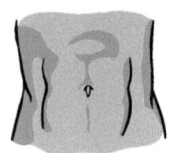

**Navel**

kërthiza

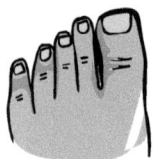

**Teh**

gisht këmbe

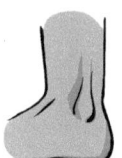

**Hack**

Thembra

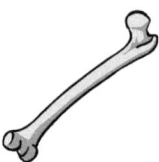

**Knaken**

kockë

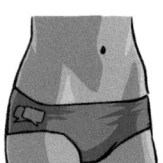

**Hüft**

legeni

**Knee**

gjuri

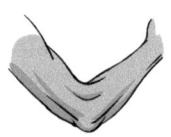

**Ellbagen**

bërryli

**Nees**

hunda

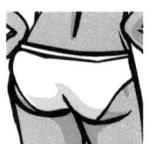

**Achtersen**

vithe

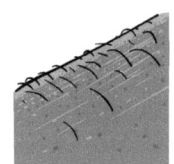

**Huut**

lëkura

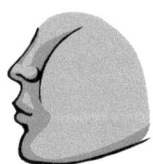

**Back**

faqja

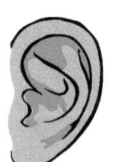

**Ohr**

veshi

**Lipp**

buza

Mund

goja

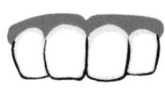

Tähn

dhëmbët

Tung

gjuha

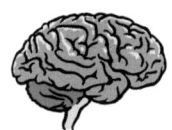

Bregen

truri

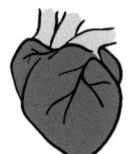

Hart

zemra

Muskel

muskul

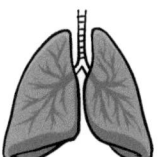

Lung

mushkëria

Lever

mëlçia

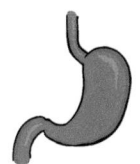

Maag

stomaku

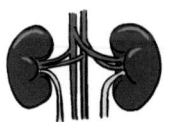

Neren

veshka

Bislaap

seks

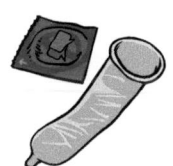

Kondoom

prezervativ

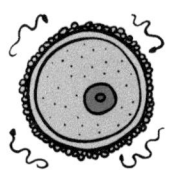

Eizell

veza

Sperma

sperma

Anner Ümstänn

shtatëzani

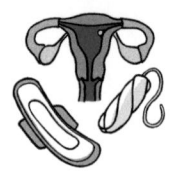

**Menstruatschoon**
menstruacione

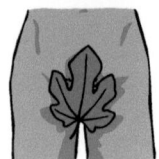

**Scheed**
vagina

**Pint**
penis

**Ogenbroe**
vetulla

**Hoor**
flokët

**Hals**
qafa

# Krankenhuus
## spital

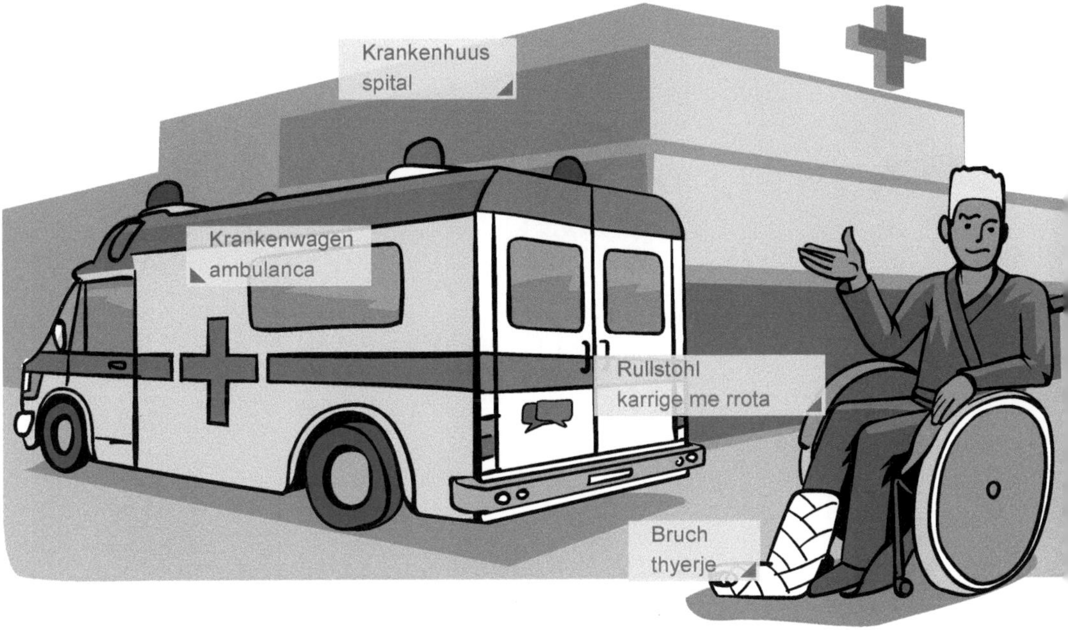

Krankenhuus
spital
Krankenwagen
ambulanca
Rullstohl
karrige me rrota
Bruch
thyerje

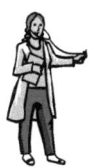

Dokter
mjek

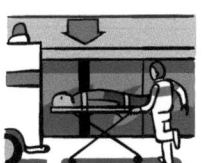

Nootopnahm
sallë urgjencash

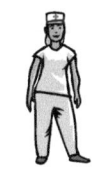

Krankensüster
infermiere

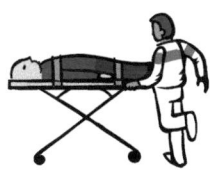

Nootfall
emergjencë

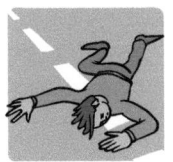

ahnmächtig
i pandërgjegjshëm

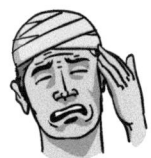

Wehdaag
dhimbje

Verwunnen

dëmtim

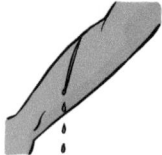

Blöden

gjakosje

Hartinfarkt

infarkt

Slaganfall

goditje

Allergie

alergji

Hoosten

kolla

Fever

ethe

Gripp

grip

Dörchfall

diarre

Koppwehdaag

dhimbje koke

Kreeft

kancer

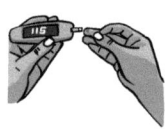

Zuckersüük

diabet

Chirurg

kirurg

Chirurgsch Mess

bisturi

Operatschoon

operacion

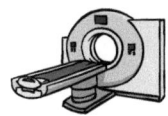

CT
CT (skaner)

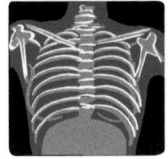

Dörchlüchten
radiografi

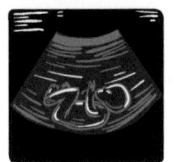

Ultraschall
ultratingull

Mask
maskë fytyre

Krankheit
sëmundje

Töövruum
dhomë pritjeje

Krück
paterica

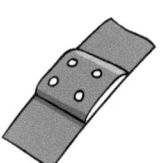

Plaaster
leukoplast

Verband
fasho

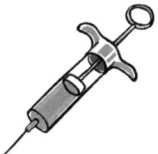

Insprütten
injeksion

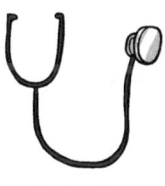

Stethoskop
stetoskop

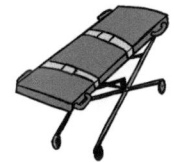

Draag
barelë

Feverthermometer
termometër

Geboort
lindje

Övergewicht
mbipeshë

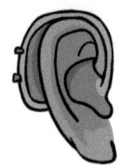

Höörapparat

aparat dëgjimi

Kiemfriemiddel

dezinfektant

Ansteken

infeksion

Virus

virus

HIV / AIDS

HIV / AIDS

Heelmiddel

mjekësi, mjekim

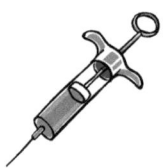

Impen

vaksinim

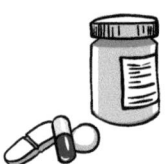

Tabletten

tableta

Pill

pilulë

Nootroop

telefonatë emergjence

Blootdruck-Meter

aparat tensioni

krank / gesund

i sëmurë / i shëndetshëm

Hölp!

Ndihmë!

Alarm

alarm

Överfall

sulm

Angreep

atak

Gefohr

rrezik

Nootutgang

dalje emergjence

Füer!

Zjarr!

Füerlöscher

fikëse zjarri

Unfall

aksident

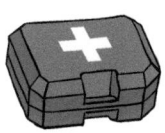

Noothölpkoffer

kuti e ndimës së shpejtë

SOS

SOS

Polizei

policia

Europa

Europa

Noordamerika

Amerika e Veriut

Süüdamerika

Amerika e Jugut

Afrika

Afrika

Asien

Azia

Australien

Australia

Atlantik

Atlantiku

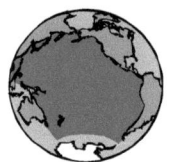

Pazifik

Paqësori

Indisch Weltmeer

Oqeani Indian

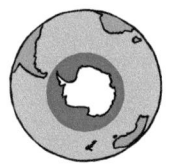

Antarktisch Weltmeer

Oqeani Antarktik

Arktisch Weltmeer

Oqeani Arktik

Noordpol

Poli i veriut

Süüdpol

Poli i Jugut

Antarktis

Antarktida

Eerd

toka

Land

tokë

See

det

Eiland

ishull

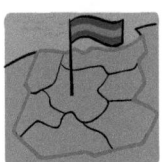

Natschoon

komb

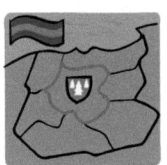

Staat

shtet

Tallenblatt

fusha e orës

Stunnenwieser

akrepi i orës

Minutenwieser

akrepi i minutave

Sekunnenwieser

akrepi i sekondave

Wo laat is dat?

Sa është ora?

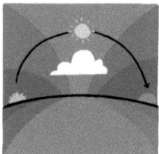

Dag

ditë

Tiet

kohë

nu

tani

digetaalsch Klock

orë dixhitale

Minuut

minutë

Stunn

orë

# Week

## javë

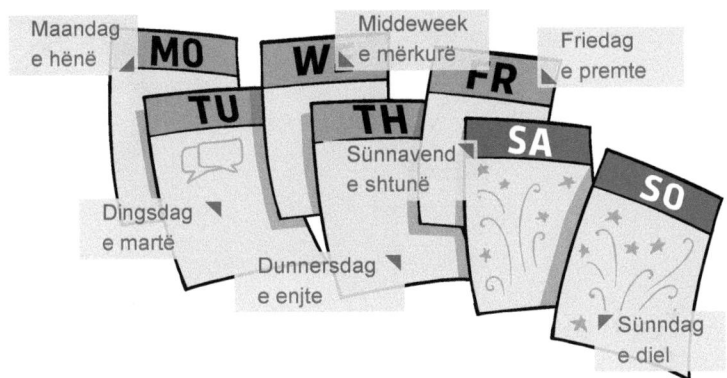

Maandag
e hënë

MO

W

Middeweek
e mërkurë

Friedag
e premte

FR

TU

TH

SA

Sünnavend
e shtunë

SO

Dingsdag
e martë

Dunnersdag
e enjte

Sünndag
e diel

güstern

dje

hüüt

sot

morgen

nesër

Morgen

mëngjes

Meddag

mesditë

Avend

mbrëmje

Arbeitsdaag

ditë pune

Wekenenn

fundjavë

# Johr
## vit

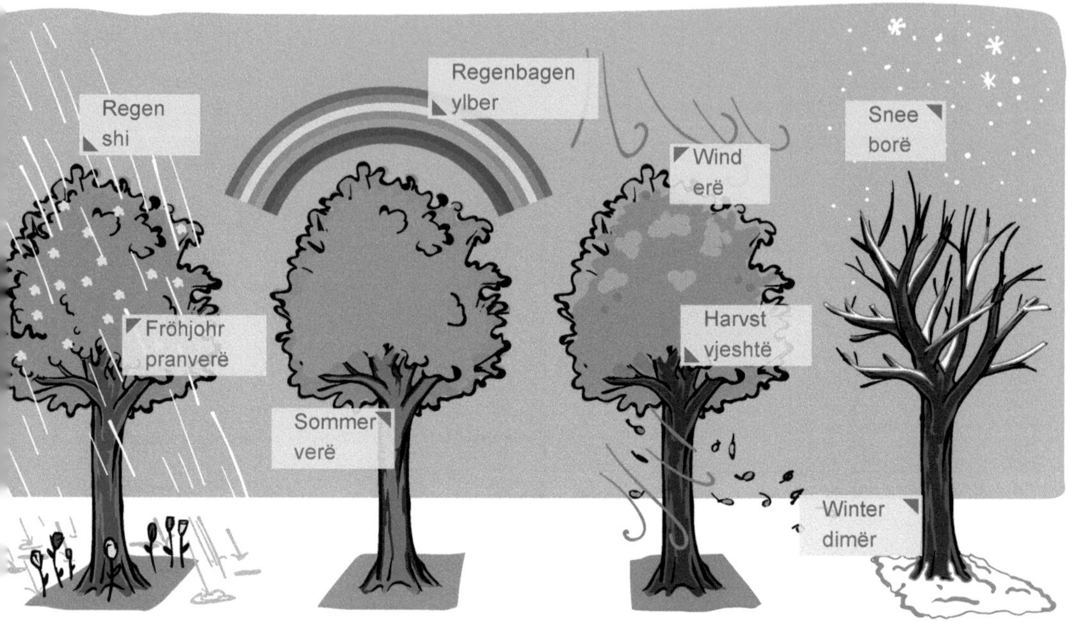

Regen
shi
Regenbagen
ylber
Wind
erë
Snee
borë
Fröhjohr
pranverë
Harvst
vjeshtë
Sommer
verë
Winter
dimër


4.APRIL 11°
5.APRIL 4°
6.APRIL 13°
7.APRIL 8°
8.APRIL 10°

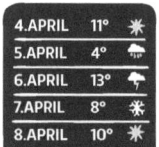

Wedervörhersaag
parashikimi i motit

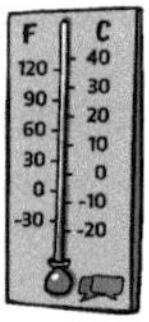

F C
120 40
90 30
60 20
30 10
0 0
-30 -10
-20

Thermometer
termometër

Sünnenschien
ndriçim dielli

Wulk
re

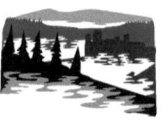

Nevel
mjegull

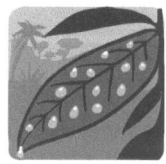

Luftfuchtigkeit
lagështi

Blitz

vetëtima

Dunner

gjëmim

Storm

stuhi

Hagel

breshër

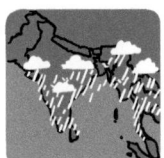

Monsun

muson

Floot

përmbytje

Ies

akull

Januormaand

janar

Februormaand

shkurt

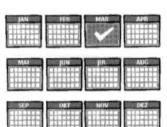

Martmaand

mars

Aprilmaand

prill

Maimaand

maj

Junimaand

qershor

Julimaand

korrik

Augustmaand

gusht

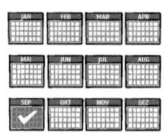

Septembermaand
.................
shtator

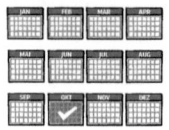

Oktobermaand
.................
tetor

Novembermaand
.................
nëntor

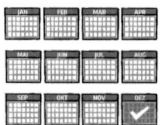

Dezembermaand
.................
dhjetor

# Formen
## forma

Krink
.................
rreth

Quadrat
.................
katror

Rechteck
.................
drejtkëndësh

Dreeeck
.................
trekëndësh

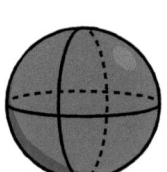

Kugel
.................
sferë

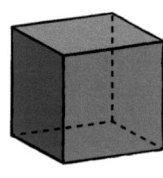

Wörpel
.................
kub

witt

e bardhë

geel

e verdhë

orangsch

portokalli

pink

rozë

root

e kuqe

lila

vjollcë

blau

blu

gröön

e gjelbër

bruun

kafe

gries

gri

swart

e zezë

veel / wenig

shumë / pak

böös / verdreeglich

i nevrikosur / i qetë

smuck / mies

i bukur / i shëmtuar

Begünn / Enn

fillim / fund

groot / lütt

i madh / i vogël

hell / düüster

i ndritshëm / i errët

Broder / Süster

vëlla / motër

schier / schietig

e pastër / e pistë

kumpleet / nich kumpleet

e plotë / jo e plotë

Dag / Nacht

ditë / natë

doot / lebennig

gjallë / vdekur

breet / small

i gjerë / i ngushtë

geneetbor / nich geneetbor
i ngrënshëm / i pangrënshëm

böös / fründlich
i keq / i këndshëm

fickerig / langwielt
i lumtur / i mërzitur

dick / dünn
i shëndoshë / i dobët

toeerst / toletzt
e para / e fundit

Fründ / Fiend
mik / armik

vull / leddig
plot / bosh

hart / week
e fortë / e butë

swoor / licht
e rëndë / e lehtë

Smacht / Döst
uri / etje

krank / gesund
i sëmurë / i shëndetshëm

nich na't Recht / na't Recht
e paligjshme / e ligjshme

klook / dummerhaftig
i zgjuar / budalla

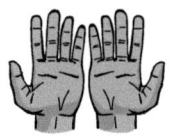

linkerhand / rechterhand
majtas / djathtas

neeg / feern
afër / larg

nieg / bruukt

e re / e përdorur

nix / wat

asgjë / diçka

oolt / jung

i moshuar / i ri

an / ut

ndezur / fikur

apen / slaten

hapur / mbyllur

lies / luut

i qetë / i zhurmshëm

riek / arm

i pasur / i varfër

richtig / verkehrt

e drejtë / e gabuar

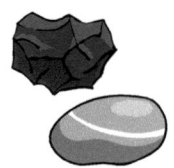

ruug / glatt

i ashpër / i butë

trurig / glücklich

i mërzitur / i lumtur

kort / lang

i shkurtër / i gjatë

suutje / flink

ngadalë / shpejt

natt / dröög

i lagësht / i thatë

warm / köhl

ngrohtë / freskët

Krieg / Freden

luftë / paqe

**0**

null

zero

**1**

een

një

**2**

twee

dy

**3**

dree

tre

**4**

veer

katër

**5**

fief

pesë

**6**

söss

gjashtë

**7**

söven

shtatë

**8**

acht

tetë

**9**

negen

nentë

**10**

teihn

dhjetë

**11**

ölven

njëmbëdhjetë

**12**

twölf
dymbëdhjetë

**13**

dörteihn
trembëdhjetë

**14**

veerteihn
katërmbëdhjetë

**15**

föffteihn
pesëmbëdhjetë

**16**

sössteihn
gjashtëmbëdhjetë

**17**

söventeihn
shtatëmbëdhjetë

**18**

achtteihn
tetëmbëdhjetë

**19**

negenteihn
nentëmbëdhjetë

**20**

twintig
njëzetë

**100**

hunnert
qind

**1.000**

dusend
mijë

**1.000.000**

million
milion

Engelsch

anglisht

Amerikaansch Engelsch

anglishte amerikane

Chineesch Mandarin

kinezisht mandarin

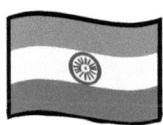

Hindi

hindi

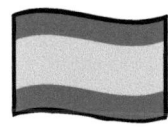

Spaansch

spanjisht

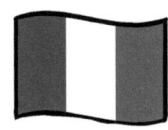

Franzöösch

frëngjisht

Araabsch

arabisht

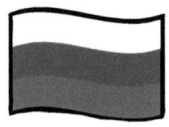

Rusch

rusisht

Portugiesch

portugalisht

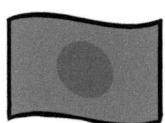

Bengaalsch

bengalisht

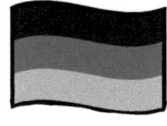

Düütsch

gjermanisht

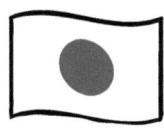

Japaansch

japonisht

ik
unë

du
ti

he / se / dat
ai / ajo

wi
ne

ji
ju

se
ata

keen?
kush?

wat?
çfarë?

woans?
si?

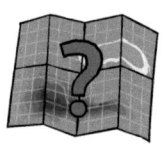

woneem?
ku?

wannehr?
kur?

HELLO, I AM

Naam
emër

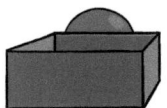

achter

pas

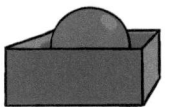

in

në

vör

përballë

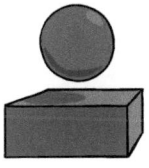

över

sipër

op

mbi

ünner

poshtë

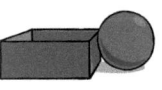

blangen

pranë

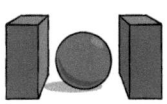

twüschen

midis

Oort

vend